동일본대지진과 핵재난 — 와세다 리포트 1

재해에 강한 전력 네트워크

스마트 그리드 기초 지식

요코야마 류이치 편저
橫山隆一
김유영 옮김

고려대학교출판부
KOREA UNIVERSITY PRESS

災害に強い電力ネットワーク: スマートグリッドの基礎知識
横山隆一 編著

머리말

재난·천재지변에도 굴하지 않는 전력 시스템을 구축하기 위해

동일본대지진에서 일본의 국토는 막대한 피해를 입었다. 경제적인 손실뿐만 아니라, 귀중한 생명도 잃었으며, 여전히 황폐화된 상태인 마을과 도시의 모습을 보면 할 말을 잃을 수밖에 없다. 원래 사회 인프라로서 사람들의 생활을 지탱해야만 하는 전력 시스템은, 재난으로 말미암아 큰 타격을 입었을 뿐만 아니라, 눈에 보이지 않는 방사능 오염의 원흉이 되어, 자연재해에 의한 인재를 일으키고 말았다. 그렇지만, 재해 후의 관계자들의 대응은 매우 신속했으며, 여름철 에너지 절약 등 국민 수요자들의 무한한 협조 및 스스로의 노력으로 전력 소비 절감에 기여했던 것 등은 특기할 만하다.

원자력발전소의 방사능 유출 사고에 의한 피해는 막대했기 때문에, 그 책임이 있는 전력회사에 가차 없는 비판이 쏟아지는 것은 당연하지만, 원자력 발전의 도움으로 쾌적한 사회생활을 영위해 왔던 우리들에게도 책임이 없다고는 할 수 없을 것이다. 원자력 발전소의 장래에 관해서는 존속시키든 폐지하든 간에 그 어느 쪽도 어려운 결정이 될 것이다.

전력회사는 지금까지 전력의 안정적인 공급에 강한 자부심을 가져왔기 때문에, 필요한 전력을 지방에서 스스로 생산한다는 자급자족과 같은 사고방식은 문외한의 얕은 지식이라고 치부하는 경향이 있었다. 그렇지만, 예상을 뛰어넘는 재난을 입어 원전의 약 반수를 잃었고, 계획정전(순환정전)을 하지 않으면 안 되는 미증유의 사태를 경험하게 된 지금에는, 예를 들어 그것이 높은 비용을 지불하는 것이라고 해도 공공성이 높은 시설에는 수요자 측에서 긴급시에 예비 전력을 스스로 준비하는 것을 장려하고 또한 이를 지원하는 것이 필요하게 될 것이다.

재난은 불행한 일이지만, 이를 교훈으로 자연재해에 강한 전력시스템을 재건하는 기회도 될 수 있다. 방사능 누출이나 정전으로 사회에 큰 폐를 끼쳤지만, 이를 재건하는 데에 공헌할 수 있는 것도 또한 전력기술인 것이다. 재해지역 부흥에 스마트 그리드 기술을 적용하여, 지금까지 개념상으로만 그쳐 왔던 주요 기술을 실용적인 종합기술로 성장시켜, 이를 재해지역에 실제로 응용한다면, 금후의 전력산업의 해외 진출에도 공헌할 수 있을 것이다. 그리고 재생 가능한 에너지의 이용 기술을 높이는 것은, 세계적인 과제이기도 한 지구 온난화 방지에도 공헌할 수 있다. 전력 연구자, 기술자로서 우리들도 이 난국을 조금이라도 긍정적으로 전환하기 위해 진력을 다하고자 한다.

2011년 10월

요코야마 류이치横山隆一
이바 겐지伊庭健二
고야나기 가오루小柳薫

차례

제 1 장

지금 왜 전력 네트워크가 중요한가?

전력제어실

요코야마 류이치横山隆一

1 일본의 전력공급 시스템

일본의 일반 전기사업자(전력회사)는, 지난 100년간, 소비자로부터의 엄격한 요구를 충족시키기 위하여, 싼 값에 양질의 전력을 안정적으로 공급하는 것을 목적으로 전력 시스템의 구축에 힘써 왔다. 수자원이 풍부한 일본은 수력발전 개발부터 시작했지만. 그 이후 새로운 개발지점의 고갈에 따라 화력발전의 비중이 높아졌고, 고도 성장기에는 전력의 75%를 수입 석유에 의존하여 발전하게 되었다. 그러나 중동전쟁을 계기로 석유위기가 도래하여, 석유 의존도를 줄이고자 노력한 결과, 당시 기술적으로 숙성된 원자력발전과 신규로 개발이 진행되던 천연가스가 석유를 대신하게 되었다.

게다가, 싼값의 전력을 생산하기 위하여, 스케일 메리트(규모의 경제. 설비를 크게 할수록 효율이 올라 발전비율이 내려가는 것)를 쫓아 100만 kW를 넘는 대규모의 발전설비가 건설되었다. 그러나 이는 필연적으로, 도쿄전력이 후쿠시마福島나 카시와자키柏崎 등의 원격지에 입지하게 되는 결과를 낳았다. 이에 따라 규모만이 아닌 지역적인 확대를 통해 안정적이고 거대한 전력공급 시스템이 만들어졌다. 또한 긴급할 때에 전력회사 간 전력소통을 위하여 연계용 송전선도 완비하여, 홋카이도北海道에서 규슈九州에 이르기까지 전국(오키나와沖縄는 제외)의 전력 시스템을 하나로 연결했다(그림 1 참조).

이러한 전력공급 시스템 형성의 흐름 속에서, 1990년 즈음이 되자 지구 온난화의 원인으로 지목되는 CO_2의 배출 감소 문제가 표면화되었다. 이때 대응 기술로서 주목된 것이, 태양광, 풍력, 지열, 지열, 바이오매스〔메탄 발효醱酵나 알코올 발효 등, 생물체를 에너지원으로 하는 자원 이용방법—옮긴이〕, 파력, 조력 등 재생가능 에너지를 이용한 발전이다. 선진 각국에서는 이러한 재생가능 에너지의 도입이 적극적으로 추진되고 있지만, 일본에서의 도입은 아직 미미하다. 태양광 발전의 비율을 현재의 40배로 올린다는 황당무계하다고 생각될 만큼 높은 목표치를 내걸었으나(2008년 8월, 장기 에너지 수급전망 재검토), 그 후 태양광 발전의 보급 속도는 급격히 감소하였다. 때문에 2009년 1월 경제산업부에서는 자원 에너지 조사회의 긴급 제언에 따라서 설비비용의 약 10퍼센트에 상당하는 보조금을 부활시켰고, 2011년에는, 국회에서 재생가능 에너지의 보급 정책으로서 고정가격매수제도를 도입한 재생가능 에너지 특별 조

그림 1 전국 기간 송전망과 주요 발전소

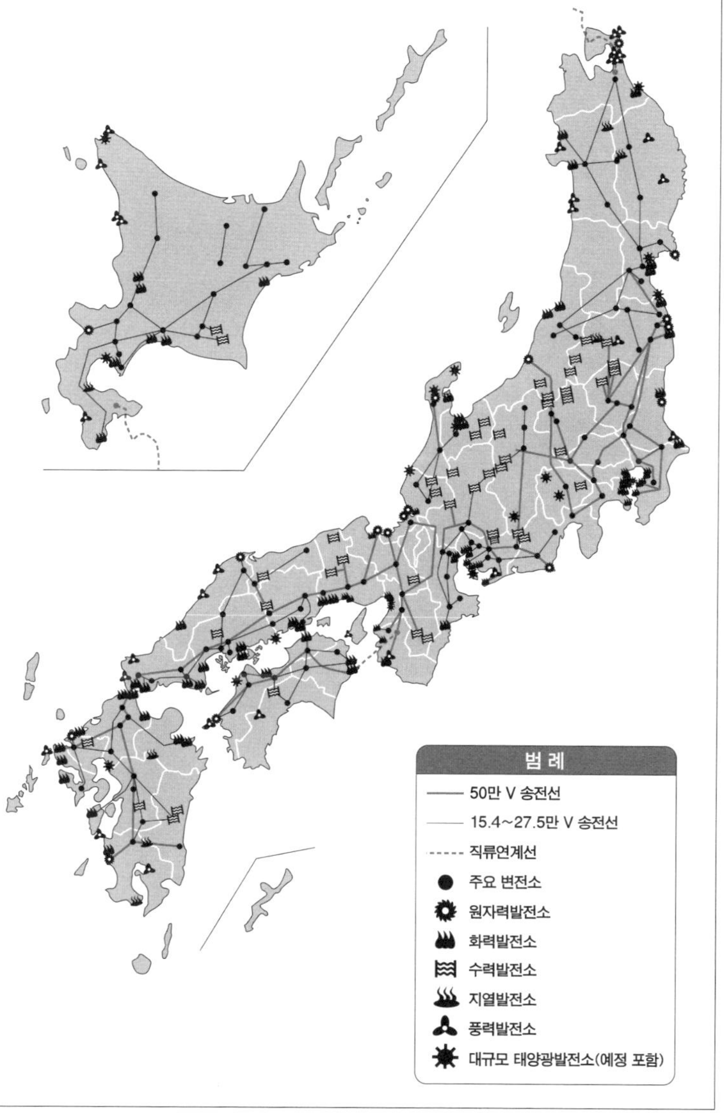

치 법안이 가결되었다. 이 법안에 따라 재생가능 에너지의 도입이 가속화될 것으로 예상된다. 그리고 위의 법안들을 도입하기 위한 새로운 에너지 인프라의 구축이 시급해졌다.

2 일본의 전력공급 시스템에 요구되는 점

1. 재생가능 에너지로의 전환

일본의 재생가능 에너지 보급이 늦어지는 이유로, 일본의 전력공급이 세계 제일의 전력품질과 공급안정성을 유지해 왔기 때문이라는 점을 들 수 있다. 전기기기를 콘센트에 꽂기만 하면 끊임없이 전기가 얼마든지 공급된다는 것에 의문을 갖는 사람은 없었다. 산업체, 기업체, 가정 등 어떠한 장소에서도 이렇게 우수한 전력공급의 지원을 받으며 발달된 사회의 발전을 구축해 왔기 때문에, 여기에 재생가능 에너지가 비집고 들어올 여지가 적었던 것이다. 태양광이나 풍력과 같은 재생가능 에너지는 일조량과 바람에 따라서 출력이 불안정하며, 에너지 밀도가 낮기 때문에 설비가 대형화되고 가격 또한 높아진다. 또한 자원이 편재되어 있기 때문에 특정 장소에 특정의 설비를 건설하지 않으면 안 되는 결점을 가지고 있다는 것은 널리 알려진 바와 같다. 전력회사는 항상 공급의 안정성 유지와 가격인하를 추구하기 때문에 단순히 CO_2의 배출감소에 좋다고 해서 종래의 전기 자원과 비교해서 불안정하며 현저히 가격이 높은 전기 자원을 적극적으로 도입할 수는 없었다. 물론 낮에만 공급받을 수 있는 태양광 발전 전력을 야간에도 이용하기 위해 배터리를 넣으면 되지만, 그렇지 않아도 높은 가격이 더욱 터무니없이 높아지게 된다. 한편 전 세계적 흐름이고, 궤도에 오른 산업인 풍력 발전에도 문제가 있다. 전력회사는 풍력이 출력이 불안정하며, 지역의 주파수가 변동되면 수요가정에 피해가 가기 때문에, 제한을 두고 있다. 따라서 현재 각 전력회사의 공급지역을 넘어선 전력교환을 용이하게 하려면 계통 간 연계선의 확충과 운용제약의 완화가 강력히 요구된다.

2. 전력의 자유화, 규제완화

1990년대부터 미국 각국에서는 전기사업이 지역독점일 경우 시장지배력이 강해져 전기요금이 인상되고 수요자의 선택의 자유가 제한되며, 신규 비즈니스가 창출되지 않는다는 등의 이유에 의해 전기사업의 경쟁원리를 도입하여 전력 자유화, 전기사업에 대한 규제완화가 진행되어 왔다. 일본만 하더라도 전기사업의 효율화와 수요자에 대한 서비스 향상을 목적으로 한 경쟁원리의 도입이라는 흐름 속에서, 2000년 3월에 전력의 소매가 부분 자유화 되었다. 게다가 2005년 4월에는 개정 전기사업법을 기반으로, 일본의 실적을 근거로 발송, 배전 일환제를 고수하면서, 공평, 투명한 경쟁 환경을 확보하려고 한 '일본형 자유화 모델'이 뚜렷해져 고압으로 전기를 공급받고 있는 모든 수요자에게까지 자유화 범위가 확대 되었다. 또한 2007년 4월에는 전기사업자 분과회에서 가정 부문을 포함한 전면 자유화에 대해 검토하였지만, 가정 부문의 수요자의 이익이 불투명하기 때문에, 일정 기간에 걸쳐 개선하여 전면 자유화 여부에 관해 검토하기로 하였다.

3. 차세대에너지 사회 인프라의 구축

한편 전력 자유화를 먼저 추진해 온 미국의 경우에는, 2000년 이후 아이러니하게도 시장에서의 가격경쟁의 격화로 인해 송전설비에의 투자, 관리, 계획적 갱신이 소홀하게 되어 대정전이 발생하거나, 전력 도매가격이 투기적인 조작에 의해 널뛰기를 거듭했다. 때문에, 안정적인 전력공급에 대한 과제가 심각하게 대두되어, 송배전망의 재구축이 중요 과제가 되고 있다. 한편, 유럽에서 실행되고 있는 전력 자유화에는 시장설계가 잘 시행되어 사회 전체에서 보면 적절한 자원배분이 이루어지게 되었지만, 연료가격의 변동에 따라 전기요금이 오르락내리락하는 문제가 일어나고 있다. 또한 유럽 각국에서는 재생가능 에너지의 도입이 활발히 이루어졌으나, 그 출력의 편재성과 불안정성 때문에 계통 운용이 어려워져, 이후의 재생가능 에너지의 대량 도입에 있어서 안정된 전력을 공급할 수 있는 차세대 사회 인프라의 구축이 필요해지고 있다.

3 새로운 무대로—키워드는 '회복력'

1. 대지진의 경험—새로운 사고방식의 필요

일본은 2011년 3월에 발생한 동일본대지진에 의해 원자력 및 화력

발전설비가 맥없이 파괴되어, 도쿄전력(東電) 관내에는 약 1,000만 kW의 공급 부족이 발생했다. 이에 따라 수요량이 공급을 웃돌아, 전력계통 전체가 불안정하게 되어 광범위한 지역에 전력공급이 중단되는 대규모 정전의 발생이 염려되었고, 변전소로부터 전기를 공급받는 수요자 그룹을 순차 정전시키는 계획정전(순환정전)이 시행되었다. 이와 같은 전력부족은 쉽사리 해소될 것처럼 보이지 않기 때문에, 전력회사에는 다양한 수단을 강구하여 공급의 확보가 필요하며, 그와 동시에 수요 측(산업, 기업, 가정)의 경우 모든 분야에 있어서의 절전이 요구된다.

또한 예상 밖의 자연재해의 타격을 받는다고 하더라도, 전력회사가 전력융통성에 따라 상호지원이 가능하도록 조직적인 재검토가 필요하며, 경제학자는 발전과 송전의 분리나 송전망의 개방에 대한 요구를 주장할 것이다. 한편 이번과 같은 대규모의 전력부족의 경험에 따라, 가정, 사무실, 공장, 지방자치단체는 전력회사에 전면적으로 의존하지 않는 독립적인 전원電源을 확보해 놓을 필요성을 절감하게 되었다. 이때, 자급자족할 수 있는 태양광이나 풍력 발전 등의 재생가능 에너지를 도입하게 되면, 발전출력의 변동이 전력네트워크에 영향을 미쳐, 전력품질(주파수, 전압)의 악화가 우려되기 때문에, 새로운 전력공급을 위한 사회적 인프라가 필요하다.

2. 자급자족, 지역 주도의 전력공급 — 클러스터 확장형

일본에서 대지진 후 논의되고 있는, 전력회사에 전면 의존하지 않고 지방자치단체가 주체가 되는 전력공급 시스템의 개발의 경우,

대규모이면서 고가의 네트워크를 한 번에 구축하는 것이 아니라, 지역이나 시장의 특성에 맞춘 적정 규모의 공급 네트워크('클러스터'라고 부른다)를 만들어, 필요에 따라 수시로 클러스터를 증설하여, 상호 연결해 가는 클러스터 확장형 방식이 적합하다. 이러한 상호결합형 전력 네트워크가 구축된다면, 비교적 염가로 각종 재생가능 에너지로부터 지역에 전력공급을 할 수 있게 되며, 상호연계에 따른 클러스터 간의 전력융통, 전력 저장장치의 유효활용이 실현 가능해진다(자세한 설명은 제4장 참조).

이러한 네트워크 중에서, 지방자치단체가 소유하는 '우리 마을 발전소'를 중심으로, 행정기관, 병원, 경찰, 학교, 피난소, 통신기지, 고령자주택을 연결하는 시스템을 배치한다면, 대규모의 자연재해 때에도 필수적인 생명선(전기, 물, 통신)의 확보가 용이해진다. 이런 능력은 '회복력=resiliency'라고 불리며, 이후의 사회 인프라 구축의 지침이 된다. 여기서 서술한 클러스터(공급 네트워크)에 대한 개념은, 지금 진행되고 있는 도호쿠 지역의 피해지 부흥에도 활용되어야만 한다.

3. 스마트 그리드의 필요성

이러한 전력 에너지 공급을 둘러싼 환경 중에서 특히 주목되고 있는 기술로는 스마트 그리드smart grid가 있다. 이것은, 정보통신기술(ICT)이나 첨단 에너지기술을 활용한 차세대의 전력망(그리드)으로, 현재의 전력시스템과 정보, 통신네트워크를 통합하여, 전력공급 인프라 전체의 신뢰성, 효율성을 높이고자 하는 것이다.

다음 장에서는 '스마트'란 무엇인가에 대하여 생각해 보고, 종래의 전력망과의 차이를 분명히 하고, 안팎에서의 개발동향, 관련 기술과 그 표준화에 대해서 논하고자 한다.

직류·교류변환소

요코야마 류이치横山隆一

1 스마트 그리드란 무엇인가

1. 스마트 그리드와 지금까지의 전력망과의 차이

'그리드grid'란 '격자'를 의미하지만, '네트워크network'(망)를 가리키는 용어로도 사용되며, 전력 에너지 분야에서는 '송전망'이라고 불리는 경우가 많다. 따라서 스마트 그리드smart grid란, '스마트한'(현명한 혹은 세련된) + '그리드'(송전망)라는 뜻이 된다.

즉, 스마트 그리드란 대규모 발전(화력이나 원자력 등)이나 분산형 발전(풍력이나 태양광, 연료전지 등)을 기초로 하는 전력공급 측과 일반 가정이나 빌딩 등의 전력수요 측과의 관계이며, 종래 전력의 수급정보를 보완하여 ICT(정보통신기술)을 이용하여 전력에 관련된 정보를 취급할 수도 있는 차세대의 전력 네트워크라고 할 수

그림 1 종래의 전력공급 시스템

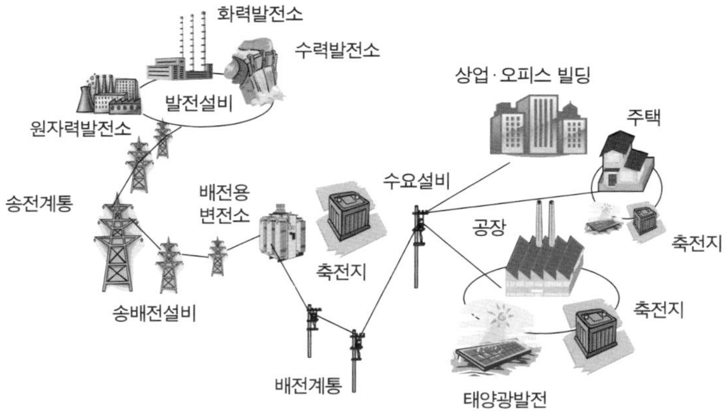

출처: 경제산업성経済産業省 자료로부터 작성

그림 2 차세대 전력공급 시스템(스마트 그리드)

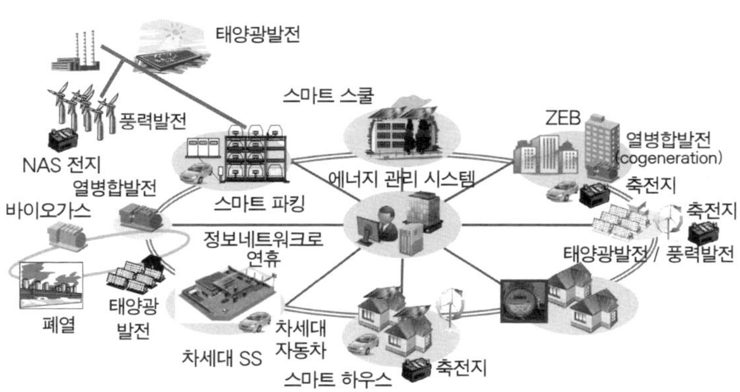

출처: 그림 1과 동일

있다.

그렇다면, 종래의 전력계통(그림 1)과 스마트 그리드(그림 2)의 전력공급에는 어떠한 차이가 있는지 검토해 보자.

종래의 전력계통에는, 대규모의 발전설비(원자력발전, 화력발전, 수력발전)에 의해 발생된 전력을 장거리에 전달하는 송전 및 배전설비를 사이에 두고 수요자에게 전달하였다. 여기서 계통은, 전력이 상류(발전소)에서 하류(수요자)를 향해 단방향으로 흐르는 것을 전제로 한 방사상으로 되어 있다. 전력계통 내의 상태는, 유선이나 무선의 형태로 전력회사의 독자적 정보 통신망이 설비되어 있어 계측, 감시되어 있지만, 수요자 주변의 경우는 대부분 모니터링 되지 않으며, 또한 수요자에게 주어지는 정보는 전기 사용량(전기요금 징수를 위해) 등에 한정되어 있다.

반면에, 스마트 그리드에서는 정보기술(IT)나 첨단에너지기술을 활용한 차세대의 전력망의 구축을 목적으로 하며, 전력 공급 측도 수요자와 쌍방향 통신 네트워크를 통해 정보의 송수신이 가능하다. 이것은 대규모 설비에서 오는 전력 공급 인프라 위에 통신·정보 인프라를 구축하여 그리드 전체의 신뢰성, 효율성을 높이고자 하는 것이며, 계통이나 수요자에게 센서를 두어 관련 정보를 얻어 에너지 관련 정보처리센터에 보내고, 이러한 데이터를 분석하여 수요자에게 필요 정보를 피드백한다. 수요자에게는, 개별 사용전력량, 현재의 실시간 전력요금, 기상정보, 환경에 대한 영향도 등이 제공된다는 점에서, 가정에서 절전이나 에너지 절약에 노력할 수 있게 된다.

2. 스마트 그리드에 대한 세계의 주목

현재 세계 각국에서는 태양광 발전이나 풍력 발전과 같은 재생가능 에너지의 급속한 보급과 각종 전력 관련 기기의 설비 갱신 등의 이유로, 기존 전력계통의 취약화가 우려되고 있다. 그리고 지금보다 더욱 신뢰도를 향상시킨 새로운 전력공급 시스템이 모색되고 있다. 여기서 주목을 받고 있는 것이 스마트 그리드이다. 스마트 그리드는, 1990년대부터 급속히 추진된 통신기술을 전력계통에 도입하는 것을 통해 수급제어나 전력량 측정을 간략화하고자 했다. 특히 스마트 그리드는 다수의 분산된 전원電源과 여러 가지 전력계통을 상호 연계할 때에 필요한데, 이것이 실현되면 전력의 수요균형의 적정화, 신뢰성의 향상, 인건비의 감소 등을 기대할 수 있다.

스마트 그리드의 구상 자체는 이전부터 존재해 왔지만 미국의 버락 오바마 대통령이 제창한 '클린 뉴딜정책'의 주요 항목으로서 제시된 이후, 급격히 주목되고 있다. 2011년 현재 미국이나 일본 등을 필두로, 세계 각국이 스마트 그리드의 연구를 진행하고 있는데 각각의 국가별 국내 전력사정과 깊은 관계가 있다.

미국에서는 일반적인 수명이 제조 후 20~30년을 넘는 전기 기기가 많이 있기 때문에 이들 기기를 새로 바꿀 때, 세계에서 앞장서서 스마트 그리드를 실현하기 위한 기기의 도입을 목표로 하고 있다. 또한 다수의 기업이 참가하고 있는 전력업계에서 전력 흐름의 제어나 보상 등이 일원적이지 않고 또한 취약성이 크기 때문에 스마트 그리드를 통한 신뢰성 향상이 급선무가 되고 있다.

한편 일본은 미국과 조금 다른 배경이 깔려 있다. 전기 기기의

그림 3 스마트 그리드 도입에 따른 전력공급 시스템의 변화

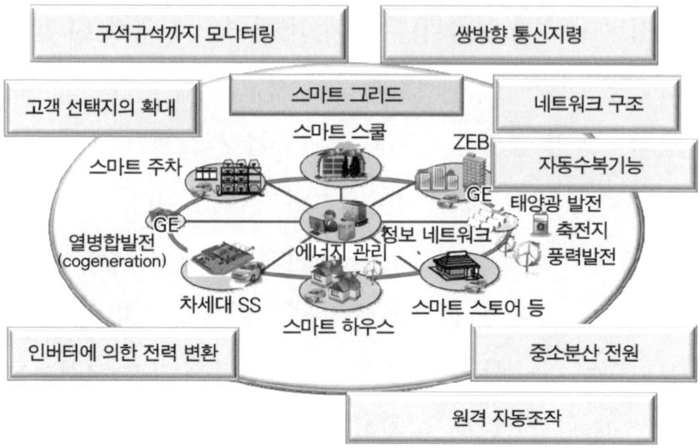

교체 사정은 동일하지만, 전력 자유화의 시행에도 불구하고 기본적으로는 10개의 전력회사가 일관적으로 각 지역의 전력 공급 및 보조 서비스를 하고 있다. 각 전력회사가 그 지역의 특화된 지식이나 기술, 노하우를 갖고 있기 때문에, 일본의 전력계통의 신뢰성은 높다. 하지만 에너지 자급률이 극단적으로 낮다는 점에서 재생가능에너지를 활용한 송배전망의 실현이나 각종 발전설비의 증설에 진력을 다하고 있고, 또한 환경문제에의 배려 차원에서 화석연료를 이용한 발전방식의 억제가 전망되고 있다.

〈그림 3〉은 스마트 그리드 도입에 따른 전력공급 시스템의 변화를 정리한 것이다.

수요자를 포함하여 전력공급 시스템의 구석구석까지 센서나 모니터 장치가 완비되어, 전력회사와 수요자는 쌍방향 통신에 따른

정보의 교환이 가능해진다. 이를 통해 수요자에게는 에너지 관련 정보나 전기요금 등의 정보가 제공되고, 수요자는 이것을 참조하여 전력회사의 서비스 메뉴를 선택할 수 있다. 또한 전력회사 자체를 선택하는 것도 가능해진다. 종래의 대규모 전기설비에 더해 중소규모의 분산전원(재생가능 에너지 이용발전, 연료전지, 전력저장장치, 가스터빈 엔진, 소형 수력발전)이 수요자에게 근접하여 설치되어, 송배전망의 부담이 경감된다. 분산형 전원에 대한 활용에는 인버터(교류, 직류의 교환기)와 그 제어기술이 중요하다. 한편 전력공급자로서는, 자신의 지역 내의 여러 가지 설비의 상황이 정확하게 파악될 수 있기 때문에, 사고가 일어났을 때의 복구가 신속화 혹은 자동화되어, 원격조작도 가능해진다. 또한 설비 상태를 정확하게 감시할 수 있기 때문에 적절한 운용과 보전이 가능해지고, 설비 조업률의 향상과 수명 연장을 꾀하는 것이 가능해지는 등 자산관리의 고도화도 기대된다.

3. 미국에서의 움직임과 일본의 우위

스마트 그리드의 도입 논의의 배경으로는, 전력 자유화 이후 선진각국에서의 대규모 정전의 발생에 따라 제기된 전력계통 강화에 대한 요구를 들 수 있다. 미국 연방의회에서는 2003년의 대정전 사고발생을 계기로, 전력의 신뢰도 유지 및 향상을 위한 법 정비를 향한 심의가 행해져, 2005년 에너지 정책법이 제정됨에 따라 전력 공급의 신뢰도 확보 의무에 대하여 처음으로 법적 강제력이 더해졌다. 전력 시스템의 신뢰도 확보가 종래의 '자주성'에서 '법적 강제력'으로 이동했다는 점은 주목할 만하다.

또한 2008년 12월에 미국 전력 제언위원회(Electricity Advisory Committee, EAC)로부터 스마트 그리드 기술을 실용화 하는 것에 있어서의 장벽과 대응책에 관한 보고서 *RAC Report: Smart Grid* 가 공표되어, 미국 에너지국(DOE)이 실시해야할 시책에 초점을 맞추어, 스마트 그리드 실현을 위한 구체적인 기술개발에 대한 방향이 가시화되고 있다.

그 후 2009년 2월에 발표된 경제대책법(American Recovery and Reinvestment Act)에 따라, 차세대 전력공급 시스템에 대한 45억 달러(약 4,000억 엔)의 예산이 책정된 데에서, 미국이 저탄소사회의 실현을 위한 기술 및 21세기의 요구에 대응하기 위해 현존 송배전 시스템의 기능을 향상시킬 기술로서 스마트 그리드에 집중하고 있다는 것을 알 수 있다.

미국에서 이러한 새로운 전력공급 그리드가 요구된 배경으로는 ① 미국의 전력망은 고도의 인프라를 가지고 있는 일본과 달리 정전이 자주 일어나는 등 공급 신뢰성이 낮고, 노후화되어 있어 인프라의 재정비가 긴급한 과제가 되고 있다는 점, ② 유럽 등과 같이 미국에서 근래에 재생가능 에너지와 전력계통과의 연계량이 확대되어, 이러한 불안정한 에너지의 접근 확대에 대응할 수 있는 새로운 전력공급 시스템이 필요하다는 점 등을 들 수 있다.

차세대 전력공급 시스템으로서 기대되고 있는 정보통신 시스템과 전력 시스템과의 통합을 실현 할 스마트 그리드가 구비되어야만 하는 조건에는,

① 유연성—기술, 제도, 시장 등의 변화에 대응하면서, 수요자의 요구를 충족시킬 것
② 접속 용이성—모든 네트워크 이용자의 연계를 가능하게 하는 것
③ 신뢰성—전력품질의 유지향상 및 재해나 사고에 대한 내성을 확보할 것
④ 경제성—기술혁신, 효율적인 에너지 관리, 공평한 경쟁조건의 정비에 따른 최대 가치를 제공할 것

등을 들 수 있다.

하지만 미국에서는 이러한 조건을 충족시킬 구체적인 네트워크는 아직 실현되지 않았고 마이크로 그리드 등의 실증연구에 있어서도 일본이 훨씬 앞서가고 있다.

한편, 일본에서는 지금까지 안정된 전력 네트워크가 존재했기 때문에, 스마트 그리드의 필요성에 대한 사회적인 합의 형성은 늦은 감이 없지 않다. 그러나 동일본대지진과 원자력발전소의 사고, 그리고 '전력 공급부족=정전에 대한 불안'이 스마트 그리드에 대한 필요성을 극대화시켰다. 즉, 스마트 그리드에 대한 기초적 인식을 국민 전체가 공유하는 것이 요구되는 시점인 것이다. 상세한 내용은 제3장에서 다루기로 하고, 이하 미국에서의 움직임을 바탕으로 스마트 그리드에 대한 기초지식을 조금 더 살펴보고자 한다.

2 스마트 그리드는 우리에게 무엇을 가져 오는가?

1. 7가지 효용

2007년 1월에 DOE/NETL이 발표한 *Modern Grid Initiative*는 차세대 전력공급 그리드와 관련된 개념 정리를 진행함과 동시에 구체적인 기술 개발 방향도 명시하고 있다. 이 보고서에는 차세대 전력공급 그리드(modern grid)의 기능으로서 〈표 1〉에 나타난 7개의 사항이 실려 있는데, 이것이 미국의 노후화된 현재 그리드에 대한 장점으로서 강조되고 있다.

'스마트 그리드'는 이 '모던 그리드'의 다른 말로서, 그 효용성은 앞에서도 언급한 바와 같이 미국 전력 제언위원회 보고 *RAC Report: Smart Grid*에 실려 있기 때문에 생략하고 다음으로 넘어가고자 한다.

2. 전기 사업자에 있어서의 효용

(1) 전력품질과 신뢰성의 개선

스마트 그리드의 도입에 의해 전력품질과 신뢰성을 개선하고 소비자의 요구에 응답할 수 있게 된다. 즉, 스마트 메타 설비를 통해, 전력 회사는 수요자에 대한 송전 상황을 쉽게 확인할 수 있게 되었다. 그리고 쌍방향 통신에 의해 원격으로 문제를 확인하고 고장된 부분을 분리해 냄으로써 문제가 발생한 각각의 장소에 기사를 보낼 필요가 없어지고, 전력공급 장애를 보다 빨리 복구하는 것이 가능하게 된다. 이러한 스마트 그리드의 도입과 운용의 자동화에 의

표 1 차세대 전력공급 그리드(Modern Grid)의 효용

효과	일본 이외의 현재의 전력망	Modern Grid
1. 자가 복구	· 피해확대 방지에 대한 대응 · 시스템 파괴로부터의 자산보호에 초점을 맞춤	· 실제로 발생할 수 있는 송전상의 문제를 자동 검색하고 대응 · 예방이 초점
2. 소비자 의식과 대처	· 소비자는 정보를 받지 못하며, 전력 시스템에 참여 불가	· 소비자에게 정보가 전달됨에 따라, 이에 관여하고, 활동적으로 대응 가능 · 수요응답에 깊게 관여
3. 공격에의 내성	· 테러와 같은 악의적 행동이나 자연재해에 취약	· 빠른 회복능력에 의해 공격이나 자연재해에 강함
4. 21세기의 요구에 따른 전력품질	· 전력의 품질의 문제보다는 오히려 정전 예방에 중점	· 산업과 소비자의 요구에 부응하는 고품질의 전력공급
5. 모든 발전, 저장 옵션의 적용	· 비교적 소수의 대규모 발전설비 · 분산형 에너지와의 연계에 많은 장애물이 존재	· 다양하고 수많은 분산형 전원과 전력 저장 설비가 대규모 발전과 공존 · 'plug-and-play'가 용이 · 특히 재생가능 에너지와의 접촉에 초점을 맞춤
6. 시장의 기능화	· 한정적인 도매시장을 모색 · 완전히 통합되지 않음 · 송전에 혼잡이 발생	· 성숙한 도매시장과 신뢰할 수 있는 조정자를 포함하여 전국을 통합 · 필요한 경우, 소매시장도 반영 · 송전의 혼잡을 최소화
7. 자산의 최적화와 효율적 운용	· 한계적 운용 테마에 기반 한 자산관리 · 폐쇄적인 비즈니스 프로세스 · 기간 관리차원에서의 유지	· 센싱과 그리드의 상황측정이 큰 폭으로 확대 · 그리드 기술을 자산관리 프로세스에 적용 · 상황에 대응하여 유지활동

출처: DOE/NETL, Modern Grid Initiative. 2007.

해, 증대되고 있는 전력수요, 노후화된 인프라의 보수와 직원의 고령화와 같은 당면 문제를 해결할 수 있는 것이다.

(2) 발전, 교환, 배전 설비 등 설비투자의 연기

스마트 그리드의 기능 중 하나인 수요자 응답(Demand Response, DR)이나 부하조정(Load Management, LM)을 통해, 전력 피크 시간대에 부하를 억제할 수 있으며 이로 인해 전력 피크 수요에 대응하기 위한 송전설비와 발전설비의 증설을 억제하는 것이 가능하다. 즉, 스마트 그리드를 도입하면, 수요응답과 부가조정을 통해서 전력 피크 부하를 억제할 수 있기 때문에 사용빈도가 낮고 높은 비용이 드는 전력 피크용 발전소 설비의 건설을 뒤로 미루는 것이 가능해진다. 또한 전력계통의 기능이 개선되어 감시, 진단 정보를 이용할 수 있게 되기 때문에 최첨단의 설비관리법(고장 예지, 자기복원 및 보안 제어 등)을 적용할 수 있어, 기존 설비의 최적 운용과 수명 연장이 가능해지고, 나아가서는 설비투자의 감소로 연결된다.

(3) 운용 및 보수 비용의 감소

스마트 그리드 기술에 의해 고장기기의 자동분리와 복원, 재투입을 원격조작으로 실행하는 것을 통해 현지에 스태프를 불필요하게 파견할 필요가 없어진다. 수요자의 정전 방지는 말할 것도 없고, 고액의 인원 파견 비용을 제어할 수 있고, 그 결과로서 운용 및 보수 비용을 절감할 수 있다. 또한 실시간 설비감시를 통해 정기 보수 기반의 보수로부터 설비 상태 기반의 보수로 이행하는 것이 가능하다.

스마트 그리드가 가진 감시기술에 의해 계통설비와 관련된 고도 정보를 사용하여, 계통 운용자는 취약한 송전용 변압설비 등에 무거운 부담을 지우게 하는 리스크를 피할 수 있다.

(4) 배전효율의 향상

파워 일렉트로닉스의 활용이 진행되면서, 배전계통 내의 전기기기, 즉 가열, 환기, 냉각시스템, 가전, 조명 및 그 외 저항부하(예를 들어, 백열전구)나 회전부하(모터 등)는, 인버터가 부착된 고효율 기기로 대체할 수 있기 때문에, 배전계통의 종합특성을 개선할 수 있다.

(5) 재생가능 에너지와 분산 전원의 통합

스마트 그리드 기술에 의해 전력 시스템은 재생가능 에너지와 분산 전원電源을 받아들이기 쉬워진다. 오늘날의 전력계통은 대규모의 전원에서 특정 기기를 통해 일방적인 전력을 전송할 수 있도록 설계되어 있다. 이러한 구조는 다수의 분산형 에너지원으로부터 역방향으로 전력을 받아들이는 것이 어렵다. 또한 태양광이나 풍력발전으로부터의 출력은 불안정하게 때문에 변동하는 전력의 흐름을 제어하지 않으면 안 된다. 이와 같은 불안정한 분산형 전원 출력을 조정하는 계획을 책정하기 위해서는, 통합 감시제어와 변전소 자동화의 통합이 필요하다. 스마트 그리드에는 이들 분산 전원을 감시 및 제어하고, 쌍방향의 전력조류를 제어하는 기능이 구비되어 있다(그림 4).

그림 4 스마트 그리드에 의한 공급구조 변화와 효용

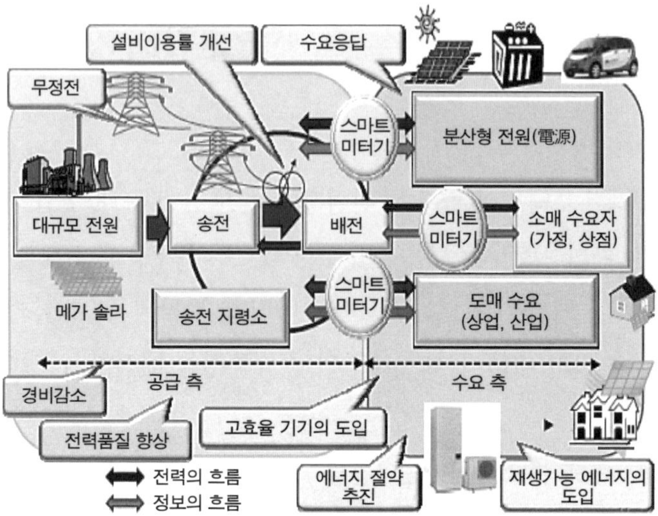

(6) 전력계통의 보안 향상

전력회사는 보호기능의 개선, 변전소의 자동화 및 신뢰성과 제어성의 향상을 위하여, 변전소의 디지털화를 추진하고 있다. 하지만 이러한 소프트웨어에 의존하는 디지털 장치는 외부로부터 접근이 쉽고, 정보 보안상의 불안이 존재한다. 그런 까닭에 신뢰도를 규제하는 당국(North American Electric Reliability Council, NERC)은 이러한 문제의 해결을 위해 'Critical Infrastructure Protection' 규격을 정하고 있다. 자연 환경, 설비의 노후화나 열화 상태, 또는 적대적인 원인(사이버 테러) 등에 대한 계통의 견고함을 향상시켜, 설비 고장에도 견딜 수 있는 대책을 강구한다. 이것에 따라 계통을 구성하는 요소나 IT시스템에 대한 해커 등의 침입을 실시간으로 검출하여, 침입경보를 더욱 빨리 정보 보안 감시조직에 통보할 수 있다.

3. 전력 수요자에게 있어서의 효용

스마트 그리드의 도입으로 정보 네트워크에 의해 접속된 기기, 분산된 여러 가지 전원 및 에너지 관리 툴을 통합시켜, 소비자 참가형 네트워크가 구축된다면 소비자 자신이 에너지 소비를 더 계획 및 관리할 수 있게 된다. 스마트 그리드가 전력 수요자(=소비자)에게 가져다주는 편익은 다음과 같다.

(1) 에너지 소비의 자기 관리

스마트 그리드 기술에 의해 집이나 빌딩의 설비가 정보화, 자동화되어 수요자가 자신의 전력 소비량이나 소비성향을 파악하거나 관리하거나 할 수 있게 된다(소비자 대응). 스마트 미터기를 갖춘 집이나 회사 중에서는 에너지가 어떻게 사용되는가, 그리고 어떤 용도에 얼마만큼의 비용이 드는가, 또한 그 사용이 환경에 어떠한 영향을 주고 있는가를, 소비자 자신이 파악하는 것이 가능해진다. 소비자는 전력회사와 쌍방향으로 에너지 사용을 관리할지, 아니면 소비자의 선택을 기초로 자동적으로 소비자가 조정할지를 선택할 수 있는 것이다. 또한 전력계통 사이에서 정보교환이 가능한 쌍방향 정보통신장치를 사용하여, 스마트 기기, 온도조절기(thermostat), 보안 시스템 및 전화 제품을 결합하는 가정 내 정보망(Home Area Networks, HANs)을 설치한다면, 소비자 자신이 이러한 스마트 기기를 원격으로 관리하는 것도 가능해진다.

(2) 전력 피크 부하 저감에 따른 에너지 절감

전기사업자는 수요자의 반응과 부하조정 프로그램의 도입에 의해 조금이라도 전력수요의 피크 부하를 감소시킬 수 있다면, 전력회사와 소비자의 쌍방에 경제적 이익을 준다고 인식하고 있다. 피크 시간대에 전력사용을 낮추기 위해 수요 측의 대응, 즉 부하조정이 가능하다면, 고가의 피크 시간대의 발전을 줄일 수 있게 된다. 스마트 그리드에서는, 스마트 기기, 소비자 측에서의 저장, 분산 전원 및 스마트 빌딩 등을 정보통신 네트워크상에서 통합하여 소비자와의 의사소통을 통해 전력 사용 피크를 낮추는 제어를 할 수 있게 된다. 수요자 응답·부하조정이야말로 이 에너지 절감 달성의 열쇠인 것이다.

3 스마트 그리드 도입의 전제—관련 기술과 표준화

1. 스마트 미터기와 전력소비 데이터 취득 시스템

스마트 그리드에서는 수요자에게 정보를 제공하는 것을 통해 절전을 목적으로 하는 수요자 응답과, 전기 기기를 전력 측으로 부터 신호를 받아서 제어하는 것을 목적으로 하는 부하조정의 실현이 기대되고 있지만, 이를 위해서는 주택, 가정, 업무빌딩에서의 스마트 미터기의 설치와 전력소비 데이터를 취득하기 위한 인프라 정비

그림 5 종래의 아날로그 미터기에서 정지형 스마트 미터기로

기존형의 아날로그 와트 시계 미터기 　　 첨단 정지형 스마트 미터기

가 불가결하다.

근래, 기존의 아날로그 미터기 대신에, 디지털형 전력계측기술을 이용한 자동 전력계 검침(Automated Meter Reading, AMR)이 사용되고 있다. 전력계에 내장된 적외선 통신 기능 등에 의해, 검침원이 도보로 자동검침기를 전력계에 꽂아서 검침하거나, 순회 차량에서 전력계를 원격 계측하는 것을 통해 소비전력 데이터를 수집하는 등의 반자동화는 이미 달성되었다. 그러나 전력 데이터의 검침에 사람의 손을 거친다는 의미에서 기존 아날로그 전력계와 별다른 차이점이 없다. 검침의 빈도는 월 1회뿐이며, 검침 비용도 비싼 편이었다.

이러한 전력계측과 관련된 과제는 스마트 미터기의 도입에 의해 해결된다(그림 5). 스마트 미터기는 디지털 전력계에 쌍방향 통신 기능을 첨가한 것으로, 이와 연결된 통신망 등을 포함한 전력 소비 데이터 취득 시스템을 첨단 미터 인프라(Advanced Metering Infrastructure, AMI)라고 부른다.

그림 6 홈 네트워크를 통한 수요자 응답과 부하조정

가전기기, 전기자동차, 재생가능 에너지와 관련된 모든 정보가 스마트 미터기에 취합되어, 스마트 그리드로 송신된다

통신기능을 갖춘 스마트 미터기에 의해, 전력회사와 수요자와의 사이의 전력 사용량 등의 데이터 송수신, 그리고 수요자의 전기기기를 통한 접속으로 전력 사용량의 감시나 제어가 가능해진다. 이전에는 곤란했던 피크 수요 시간의 전력 수요 동향을 실시간으로 파악, 시간대나 전력수요에 의해 변하는 전력요금 플랜의 설정과 선택, 그것을 기반으로 전력수요 억제나 피크 시프트와 같은 수요자 응답의 조작까지, 이 모든 것을 자동화할 수 있게 된다. 또한 소비자도 스마트 미터기의 전력소비 데이터를 가정용 홈 에리어(Area) 네트워크에 접속되어 있는 가정 내의 디스플레이상에 표시할 수 있어, 거의 실시간으로 이를 확인하는 것이 가능하다. 이에 따라 전력소비에 대한 간편한 '시각화'가 실현되어, 절전등, 에너지 절약이 쉬

워진다(그림 6).

에너지 고갈이나 환경 부하 절감에 대한 해결책으로서 풍력, 태양광 등의 재생가능 에너지가 배전망에 접속될 수 있게 되었다. 출력이 불안정한 이들 전원을 활용하기 위해서, 지역에 따른 재생에너지를 자급자족을 통해 자립·분산적으로 이용하기 위한 배전망이라는 차원에서 스마트 그리드가 주목되고 있다. 이전에는 가정 내의 전기기기의 소비량을 감시 및 억제하여 재생가능 에너지 발전설비로부터의 전력의 송수신을 행하거나, 전기자동차의 축전지의 충전, 방전 제어를 포함하여 배전망을 최적 운용하는 것이 가능한 정보 시스템이 요구되어 왔다. 이를 실현하는 것이 AMI이다. 이미 미국과 유럽 각국에는 스마트 미터기의 설비가 진행되고 있고, 일본에서도 2011년 3월의 동일본대지진을 계기로 그 필요성이 강하게 요구되고 있다. 예를 들면 스마트 미터기가 설치된다고 한다면 계획정전을 할 때 교통신호기, 경찰, 병원 등을 정전대상으로부터 제외하는 것도 가능해질 뿐 아니라 가정, 사무소, 공장 등에서의 절전을 위한 운용·제어를 자동적으로 행하여, 전력부족의 경감도 도모할 수 있다.

2. 상호운용성 유지의 필요성

이러한 스마트 그리드의 도입과 관련해서 인터페이스의 규격 통일과 전국의 송배전계통을 관리하는 자동화 시스템의 통합이 가장 중요한 사항이 되었다. 스마트 그리드에서는 장치, 기기 및 에너지 관계자(전력회사, 소비자, 및 에너지 서비스 회사) 모두가 네트워크상에서 효율적으로 정보교환이 가능한 상호운용 수단을 확보하는 것이 가장 중요한 과제이다. 상호운용성이란, 복수의 정보 시스템이나 기기가 정보를 취급할 때의 '정보교환의 용이함'으로 정의된다.

스마트 그리드에는 정전관리, 배전관리, 상태에 따른 보수, 감시 제어와 데이터 취급 시스템, 계측 네트워크, AMI, 배전계획, 부하 예측 및 그 외의 정보 등과 관련된 여러 시스템이 함께 동작한다. 새로운 장치가 정보 시스템에 추가될 때, 상호운용성이 있다면, 장치 자체가 시스템에 자동적으로 등록되어 정보교환을 원활하게 할 수 있는 것이 가능해지기 때문에, 운용·제어를 간단하게 개시하는 것이 가능하다.

4 일본의 스마트 그리드 개발과 이후의 전망

지구 온난화 방지를 위한 세계적인 환경의식이 높아지고 있는 가운데, 자연 에너지를 활용하는 태양광 발전이나 풍력 발전과 같은 재생에너지의 사용에 따른 CO_2 감축이나, 분산형 전원電源의 활용에 따른 수요지와 공급지의 거리 단축에 따른 송전 낭비의 절감 등과 같은 과제 달성이 요구되고 있다. 하지만 현재의 계통제어에서는 계통 측의 전압상승이나 주파수 변동 등이 일어나기 때문에, 전력품질 문제가 정전으로 이어질 수 있다는 우려가 제기된다. 그래서 스마트 그리드나 마이크로그리드에 축전지를 접속시켜 컴퓨터로 제어하는 것을 통해 적절한 수급 균형 운용을 하는 시도도 이루어지고 있다.

그리고 이러한 문제에 대한 대책을 강구하기 위하여 경제산업성, 환경성, 국토교통성, NEDO, 지방자치단체, 전력회사 등에서 스마트 그리드의 연구 개발, 실증시험을 진행했으며, 그 결과에 입각하여 스마트 그리드의 도입이 추진되고 있다. 여기에서는 일본에 적합한 실제 예를 소개하고자 한다.

1. 뉴멕시코 프로젝트

이는 스마트 그리드의 미·일 공동연구 및 실증을 미국 내에서 실행하여 화제가 된 프로젝트이다. 새로운 에너지 사업의 개척을 목적으로 사막이 많은 뉴멕시코 주에서 일본 기업이 실증을 진행하고 있다. 일본 기업에게는 국내법의 제약을 받지 않고 여러 가지 실증을 할 수 있으며, 국제적인 시장에서 스마트 그리드가 어떠한 조건을 충족시키지 않으면 안 되는지 여부 등 그 필요요건을 검증할 수 있다는 이점이 있다. 알파커키와 로스앨라모스에서 두 계통의 연계를 꾀하면서, 태양광, 각종 전지, 가스 열병합발전을 사용하여, 상용빌딩이나 일반 가정을 연계하여 실증실험을 행하고 있다(그림 7). 이미 기기는 반입되어 실제 운용이 시작되었고 계측도 개시되고 있다. 미국에서의 실증이기 때문에 국제표준화 활동에도 우위를 가질 것이라는 예측이 있고, 이후 시범 케이스로 채택될 것으로 기대된다.

그림 7 뉴멕시코 프로젝트의 실증사업 이미지

로스앨라모스 그룹 –마이크로 그리드와 NEDO하우스

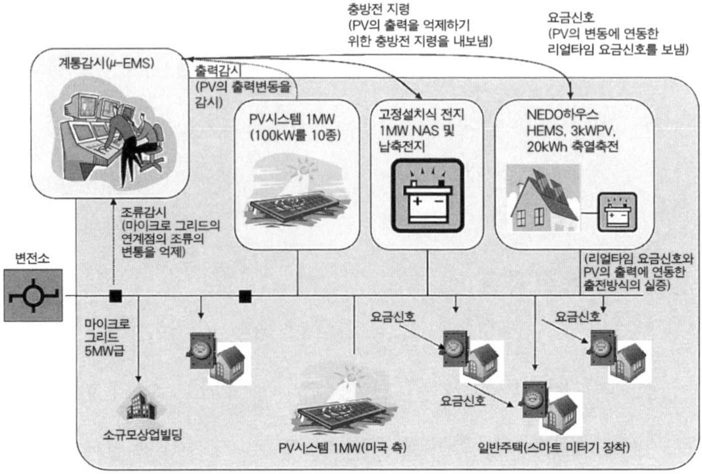

알파커키·메사 델 솔(Mesa del Sol) – 자립 가능한 상업빌딩

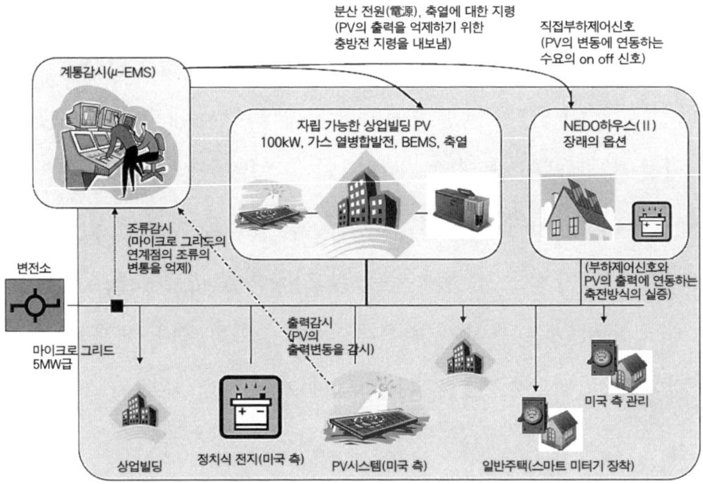

출처: NEDO 자료로부터 인용, 작성

2. 축전복합시스템화 기술개발

축전복합시스템화 기술의 개발사업은, 분산 전원電源의 대량 도입을 가능하도록 하기 위한 수요 측에 설치하는 축전지 및 축전지 이용 기술을 개발하여, 축전지기술을 사용하는 에너지 관리 시스템의 실증을 통해, 해외 진출을 고려한 전체 시스템의 평가나 표준화 등의 기술발전을 수행하는 것을 목적으로 하고 있다. 요소기술 개발과 공통기반 기술개발 및 뒤에서 언급할 지역 레벨 실증 4개 지역 내의 요소 기술 개발의 분야로 나뉘어 프로젝트가 채택되어 합계 20개의 테마가 채택되어 있다. 〈표 2〉, 〈표 3〉은 그 개요를 나타낸다.

3. 지역 에너지 관리 시스템 개발사업과 그 실증

이 사업은 앞에서 말한 축전복합시스템화 기술개발과 병렬적으로 채택 및 실시되고 있는 것으로서, 스마트 커뮤니티의 구축에 필요한 지역 에너지 관리 시스템의 개발을 국가가 보조하고, 저탄소사회의 구축에 이바지하는 것을 목적으로 한다. 특히 주택, 빌딩, EV(전기자동차) 등, 여러 가지 에너지 수요를 대상으로 지역의 에너지 관리를 실행하는 정보 시스템의 개발을 보조하고 있다. 시스템 개발 사업과 시스템 표준화 등의 조사사업으로 나누어 프로젝트가 채택되었다. 이 프로젝트에서는 특히 가정 내 정보 활용에 중점을 두고 있다.

또한 제안된 20개 지역에서 요코하마 시横浜市, 도요타 시豊田市, 교토부京都府(케이한京阪 학연도시), 기타큐슈 시北九州市의 4개 지역이 선택되어, 에너지 관리 시스템의 구축을 시작으로 한 차세대 에

표 2 축전지 이용기술 개발 테마와 공동연구 참가조직

기술 분야	테마명	공동연구 참가조직
CEMS	계통협조 디맨드사이드 축전지시스템의 연구개발	도시바東芝, 도쿄전력東電, 간사이전력関電
	축전집배신 시스템 개발 및 GF기능 탑재 축전지 시스템	히타치日立, 도쿄전력東電
BEMS	복합전력저장 대응 Advanced BEMS의 연구개발	히타치, 산부山武, 닛켄설계日建設計, 이솔루션즈イーソリューションズ, 이토츄테크노솔루션伊藤忠テクノソリューションズ
	빌딩PV용 축전시스템의 연구개발	미쓰비시전기三菱電気
	콤팩트&스마트 시티의 중심이 되는 대형 상용설비를 대상으로 하는 축전지시스템의 EMS개발	닛기日揮, 닛기 정보시스템日揮情報システム, 에리파워エリーパワー ,이토요카도イトーヨーカ堂 ,쓰쿠바대학筑波大
FEMS	산업용 디맨드형 축전지· 태양전지 복합 시스템의 연구개발	샤프
HEMS	안전성 높은 10kWh급 주택용 축전 시스템의 연구개발	소니 에너지 · 디바이스
EV 관련	차세대 서비스 스테이션에 따른 축전·충전통합시스템의 연구개발	JX 닛코닛세키 에너지日鉱日石エネルギー, 일본전기日本電気, 도호쿠공과대학東北工科大学
	전기 자동차에 탑재된 축전지를 타 용도로 활용하기 위한 요소기술의 연구개발	미쓰비시 상사三菱商社, 미쓰비시 전기, 미쓰비시 자동차三菱自動車
표준화	리튬전지 시스템 인터페이스의 표준화, 해외진출 연구 개발	도쿄전력 , 간사이전력, 도시바, 히타치, 미쓰비시 중공업三菱中工業, 일본전기日本電気, 메이덴샤明電舎 , 소니에너지 · 디바이스, 샤프

표 3 공통기반기술개발 채택 테마와 공동연구 참가조직

테마명	공동연구 참가조직
축전지를 이용한 에너지 관리 시스템의 성능평가 모델의 개발	오사카대학大阪大, 도쿄대東京大
수요자가 설치하는 기존 설치 대용량축전지에 의한 계통대책에의 활용가능성 평가·시스템 표준화의 연구 개발	도쿄전력東電
자동차의 축전지의 성능평가 기법의 기술개발	일본자동차연구소日本自動車研究所, 도쿄대학교, 세이케이成蹊 대학교, 산업기술종합연구소産業技術総合研究所

표 4 지역레벨 실증—4개 지역 내의 요소기술 개발 채택 테마

기술 분야	테마명	공동연구참가조직
요코하마 横浜 실증	수요 측 축전시스템의 총합기술의 개발	도요타豊田
	자동차용 리튬이온전지기술을 응용한 고정설치용 대형 축전시스템의 연구개발	메이덴샤明電舎, 니혼덴키日本電気
	차량으로부터의 방전기술을 이용한 EV, 태양전력 충전시스템, EV예약/배차 시스템을 이용한 에너지 관리의 연구개발	닛산日産자동차, 히타치 제작소, 오릭스オリックス, 오릭스자동차オリックス自動車
	집합주택에서의 연료전지, 축전지를 조합한 에너지 관리 실증 및 축전지 장착 전기자동차용 급속 충전기 및 복수의 축전지의 공동 이용의 연구 개발	도쿄가스, NTT 퍼실리티즈, NTT 도코모, 신고베전기新神戸電機
도요타豊田 실증	에너지 절감, 에너지 절감 기기와 축전지 장착 HEMS의 연계 및 V2H시스템의 연구개발과 실증검증	덴소デンソー, 도요타자동차, 주부전력中部電力, 샤프, KDDI, KDDI 연구소
	상용 설비용 축전지를 장착한 BEMS와 상용차, EV/PHV의 연계시스템 연구 개발과 실증검증	덴소, 도요타통상豊田通商, 세크セック
케이한 けいはん 실증	설비 나노 그리드를 대상으로 한 빌딩 에너지 매니지먼트 시스템(BEMS)의 개발	후지전기시스템富士電気システム, 후루카와전기공업古河電気工業, 후루카와전지古河電池
	단독주택에 있어서의 태양광 발전의 효과적 활용을 위한 축전지 이용 기술과 상위 시스템과의 결합화 기술의 개발과 실증	오므론オムロン, 샤프
	EV대용 충전 인프라와 자동차 탑재 장비의 연구개발	미쓰비시 중공업三菱中工業, 미쓰비시 자동차공업三菱自動車工業, 르네상스 일렉트로닉스ルネサスエレクトロニクス
기타큐슈시 北九州市 실증	지역 절전소를 중심으로 한, 지역 에너지 매니지먼트 시스템의 개발	후지전기시스템즈富士電機システムズ, 일광 전기日鉱電気, 미쓰비시 중공업, 세키스이 화학공업積水化学工業, 일본 IBM, 후루카와 전기공업古河電気工業, 후루카와전지古河電池, 야스카와 전기安川電気
	리튬이온 2차 전지를 이용한 주택용 및 커뮤니티용의 전력 저장 시스템의 개발과 에너지 관리와 관련된 실증연구	미쓰비시 중공업, 세키스이 화학공업

그림 8 4개 지역에 따른 차세대 에너지 및 사회 시스템 실증사업의 이미지

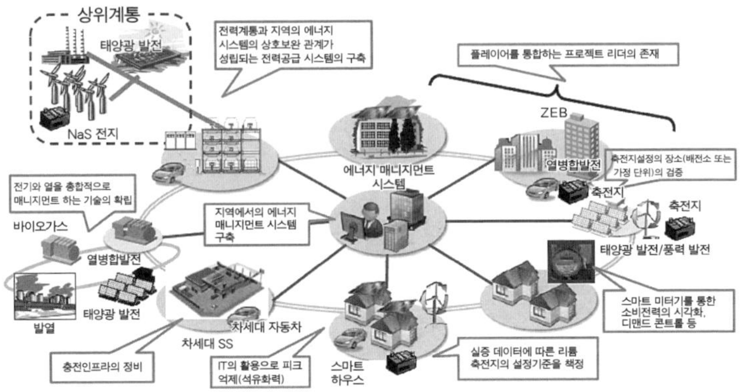

너지, 사회 시스템 실증사업이 행해지고 있다. 이와 같은 실증사업은 앞에서 서술한 요소개발을 행한 실증지역을 규정한 것으로 이후의 국내 프로젝트의 핵심이 될 것이다. 각 지역에서의 주된 테마와 참가 기업과 그 이미지는 〈표 4〉와 〈그림 8〉과 같다.

4. 낙도에서의 마이크로 그리드 실증 사업

낙도에서 차세대 송배전 네트워크 구축을 확인하고자 하는 실증시험은 일본 내에서도 그 요구가 높은 주제이다. 동일본대지진 피해지의 부흥에도 직간접적으로 도움이 되는 지식이 이 사업을 통해 얻어질 것으로 기대된다.

낙도의 전력 비용의 절감과 지구 환경문제에의 대응에는, 태양광 발전이나 풍력 발전 등의 재생 가능 에너지의 대량 도입의 실현이 중요한 과제이다. 하지만 이들은 전원電源 출력이 불안정하기 때

그림 9 낙도에서의 마이크로 그리드 실증 대상지역

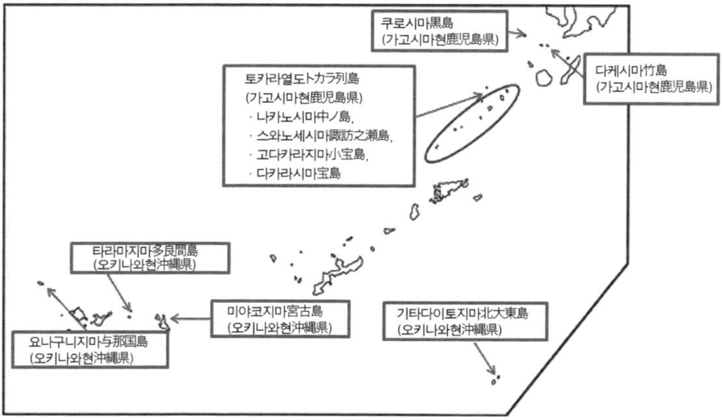

문에 전압상승, 잉여전력대책, 주파수의 조정력 부족 등에 대한 대책 등의 과제를 해결하지 않으면 안 된다.

이 프로젝트는 오키나와현沖縄県과 가고시마현鹿児島県에서 실시되고 있는 낙도를 중심으로 한 실증시험으로, 정식 명칭은 〈10개 낙도의 태양광 발전을 위한 차세대 송배전 네트워크의 실증시험—낙도 독립형 계통 신에너지 도입 실증사업〉이다(그림 9). 이들 중에도 특히 미야코지마宮古島에서의 실증시험은 규모가 큰 기술적 과제도 많기 때문에 주목되고 있다.

- 낙도에 있어서의 스마트 그리드의 구축은 중요하며, 지역뿐만 아니라 전력회사에서도 많은 관심을 갖고 있는데, 그 이유는 다음과 같다.
- 낙도의 가스터빈, 디젤발전기의 연료는 선박을 사용하여 수

표 5 미야코지마 및 지역의 계통개요

면적	205km^2
인구	55,000명
계통규모	50MW
태양광 발전 용량	4MW (8%)
풍력 발전 용량	4.2MW (5Towers)
축전지용량	NAS전지: 4MW 리튬이온전지: 200kWh
이미 설치된 화력 발전기	디젤: 61.5MW 가스터빈: 15.0MW

송해야 하기 때문에 발전 비용이 높다.

- 많은 낙도들은 관광을 주된 산업으로 하고 있기 때문에, 자연환경의 유지에 특히 신경을 쓰고 있다.
- 오키나와현과 가고시마의 낙도는 태양광이나 풍력 자원이 풍부하여 이러한 재생가능 에너지의 대량도입에 적격지이다.
- 남쪽의 낙도는 재생가능 에너지 도입의 적격지라고 할 수 있지만, 한편으로는 태풍 등이 심한 자연환경을 가지고 있어 강풍, 약한 태양복사, 염해 등에 견딜 수 있는 설치기술의 확립도 필요하다.
- 재생가능 에너지는 출력변동이 커서, 조그마한 단독계통을 구성하는 낙도는 일본의 본토보다 어려운 계통 안정화 기술이 필요하다.
- 특히 수요조정·주파수 유지기술의 확립이 필요하며, 전압상승대책, 잉여전력대책과 같은 과제에 대한 극복도 필요하다.

이 실증시험에는 2009년부터 2013년 사이에 태양광 PV(Photo-

그림 10 미야코지마 지역의 배치개요

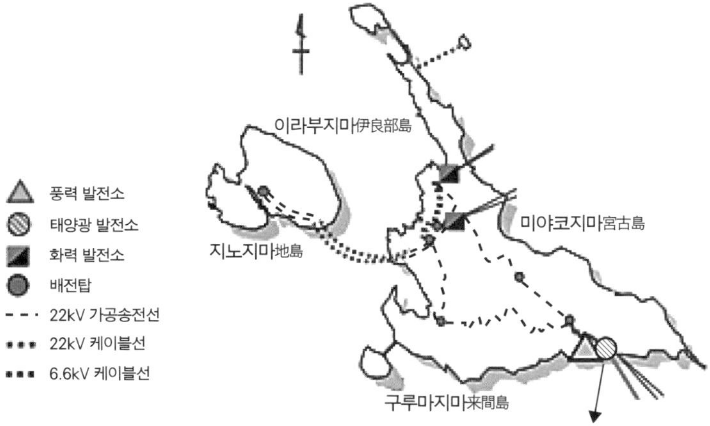

미야코지마의 태양광 발전패널

미야코지마 메가솔라 완성 예상도

vooltaic) 모듈을 총 4메가와트를 설치하여 3년간의 실증 데이터를 수집한다. 지역의 계통개요는 〈표 5〉와 같다. 여기서 태양광 발전과 풍력 발전의 능력이 각각 피크 수요의 8%씩으로 합계 16%가 되는데, 이 출력변동을 8%의 NAS전지로 흡수할 수 있을지가 주목된다.

미야코지마 지역의 개요는 〈그림 10〉과 같다. 미야코지마의 패널은 다른 지역보다 작고 설치대도 낮다. 저위도(북위 25도)에 위치하고 있는 것도 하나의 이유가 되겠지만, 태풍으로 인한 강풍에 대한 대비하기 위해, 경사각을 약 5도 정도로 거의 평평하게 설치했다. 이전에 이 지역에 태양광 발전과 풍력 발전 설비가 설치되었던 적이 있었지만, 풍력 발전기는 2003년 9월 11일에 미야코지마를 직격했던 태풍 14호의 순간풍속 90m/s에 달하는 강풍에 의해 파괴된 적이 있었다. 구 설비의 태양광 발전의 설치대에는 심한 염해를 입은 흔적이 남아 있어, 해안선에 가까운 지역에 이와 같은 설비 유지의 어려움을 보여 준다.

5. 그 외 프로젝트

(1) 분산형 신에너지 대량도입 촉진 계통안정대책 사업

태양광 발전이 전력계통에 대량으로 연계된 경우의 전력계통에 대한 영향을 평가하는 것을 목표로 실시된 사업이다. 태양광 발전의 전력계통에 대한 영향을 확인하기 위해, 전국에서 300곳 정도를 표준으로 삼아 태양광 발전의 출력이나 복사량 데이터 등을 수집하여, 태양광 발전의 출력 변동량이나 광역적 관점에서 본 출력의 평활화 효과를 분석하여 전력계통에 끼치는 영향을 평가하고자 한다.

(2) 분산형 전원 대량도입에 의한 계통영향평가 기반정비사업

신에너지 대량 도입 시에 전력계통에 미치는 영향 등을 평가하기

표 6 가스, 빌딩, 전기 자동차와 관련된 국가 프로젝트

가스 관련 사업		스마트 하우스, 빌딩 관련 사업		전기자동차 관련 사업
분산형 에너지 복합 최적화 실증 사업	천연가스형 에너지 이용 도입 모델 사업	차세대 고효율 에너지 이용형 주택 시스템 기술개발, 실증사업	스마트 빌딩 실증 프로젝트	스마트 EV 충전 프로젝트
아라카와구荒川区, 오사카시大阪市, 가코가와시加古川市, 코난시湖南市 등				도쿄, 가나가와神奈川, 치바千葉 등
도쿄가스東京ガス, 오사카가스大阪ガス	일반사단법인 도시가스진흥센터 외		도쿄가스, 미쓰비시전기三菱電機, 신닛코新日鉱 엔지니어링, 다케나카코무텐竹中工務店, 도쿄대학, 도쿄농공대학東京農工大 등	KDDI, 도쿄전력, 미쓰비시 자동차, 이데미츠出光, 재팬 에너지 등
2010~2011년도		2010~2011년도		
6.0억 엔 (1/2 보조)	1.5억 엔 (1/3 보조)	1.0억 엔 (1/2 보조) NEDO 교부금	40.0억 엔 (1/3보조) NEDO 교부금	25억 엔(위탁)

위해, 모의 태양광, 모의 풍력 발전설비, 모의 전력 설비(발전소, 변전소, 송전선)나 모의 부하설비(인버터, 저항, 회전기) 등으로 구성된 전력계통 시뮬레이터를 구축하여, 전력계통에의 영향이나 계통 사고 때의 현상에 대한 실험적인 검증을 한다.

(3) 가스 빌딩 전기자동차 관련 프로젝트

그 외에 가스, 빌딩, 전기자동차(EV)와 관련된 국가 프로젝트는 〈표 6〉과 같다.

6. 주목할 만한 사항

실증을 통한 국가 프로젝트에서는 다음과 같은 경향이나 요건에 대해서도 전반적인 배려가 필요하다

- 불안정한 발전출력에 수요가 맞을 것인가에 대한 고려
  → 수요 응답(DR)의 응답성 및 실효성이 어느 정도인가에 대한 실증이 필요
- 스마트 커뮤니케이션, 스마트 시티로의 확장
  → 빌딩에서 주 환경 및 도시교통을 대상으로 확장하는 경향이 있음
- 지방자치단체 레벨 및 지역은 실증에 기대하고 있다
  → 지역산업육성, 지역진흥의 기대에 부응할 수 있는가?
  → 국민의 합의와 이해를 얻는 노력(홍보, 정보 발신)이 필요
- 가전, 전기자동차로의 접점과 ITC의 실증
  → 전력시스템과 다른 문화를 가진 산업계와의 연계는 가능한가?
- 국제표준화에의 기여
  → 실용 예를 보여 주는 것이 중요. 인접 각국과 고객에게 어필 → 운용실적을 보여 주는 것이 선결되어야 함 → 홍보도 또한 중요하다.
- 민간 수준의 실적 데이터의 축적이 노하우의 원천이 된다.
  → 데이터 계측뿐만 아니라 경제적 가치가 있다.
  → 데이터나 적용기술에서 노하우를 축적할 필요가 있다.

5 해외의 스마트 그리드 개발

이 장에서는 최근 주목받고 있는 스마트 그리드가, 정보통신기술(ICT)이나 첨단 에너지 기술을 활용한 차세대 전력망(그리드)에서 현재의 전력 시스템과 정보통신 네트워크를 통합하여, 전력공급 인프라 전체의 신뢰성, 효율성을 높이고자 한다는 점에 관해서 논했다. 또한 일본에서 진행하고 있는 스마트 그리드의 특색, 그리고 그것이 가지고 오는 사회적 편익, 재생가능 에너지의 대량 도입을 가능하게 하는 송전망의 상태와 그 개발 동향에 관해서도 설명했다. 따라서 이러한 사항들이 동일본대지진이나 후쿠시마 원자력발전소 사고 이후의 일본의 전력 인프라의 상태에 시사하는 바가 매우 크다는 점도 이해했으리라고 생각한다.

다른 외국뿐만 아니라, 특히 미국의 오바마 정권은 리먼 브라더스 쇼크 이후 금융위기를 극복하기 위해, 환경에너지 기술 개발을 중심으로 한 정책을 펼쳤기 때문에, 스마트 그리드가 크게 주목을 받게 되었다. 즉 오바마 대통령은 에너지 정책플랜(New Energy for America)에 있어서 스마트 그리드를 신산업, 고용창출, 환경보전을 위한 '그린뉴딜 정책'의 기간기술로서 다루어 왔다. 미국에서는 스마트 그리드의 구축에 의해 노후화한 전력산업기반을 개조하여, 재생가능 에너지의 대량도입과 플러그 인 하이브리드 자동차의 보급(2015년 100만 대)을 목표로 하고 있다.

한편 유럽에서는 유럽위원회가 2005년부터 스마트 그리드 추진을 위하여 Technology Platform을 설립하고, 재생가능 에너지의 대량도입을 위해 2020년 이후의 전력공급 네트워크에 관한 연구를 시행하고 있다. 유럽에서는 송배전 시스템을 쌍방향 서비스 네트워크로 이행시킴으로써, 전력 공급 네트워크의 효율성, 안전성, 신뢰성을 향상시키고, 재생가능 에너지의 대량도입을 위해 전력 시스템의 운용과제를 해결하고, 지속적으로 경쟁력이 있는 공급의 안전성을 확보할 수 있는 에너지 시스템을 구축하는 것을 목표로, EU전체가 전략적으로 정책을 수립하고 있다.

중국도 국가 전력망(State Grid)을 중심으로 스마트 그리드 계획을 정력적으로 수행하고 있다. 특히 지속 가능한 경제 발전의 실현이나 지구 온난화에의 대응에 대한 사회적 배경에서부터 확실한 전력수요의 증가에 대한 대응 및 전국 규모의 광역 자원 이용의 최적화, 그리고 재생가능 에너지의 대량 도입 등에 이르기까지 여러 가지 과제를 안고 있는 가운데, 유럽, 일본과 다른 개념의 'Strong Smart Grid'라는 기치를 내걸고 국가 차원에서 스마트 그리드의 보급을 목표로 하고 있다. 국가전망의 스마트 그리드 개발의 전체 목표는 다음과 같다.

① 우수한 자원의 최적배치능력

② 높은 보안을 가진 안정운용 수준의 실현

③ 그리드 에너지 도입의 적용과 촉진

④ 고도지능화의 계통 조절 능력

⑤ 전기자동차 등 신형 전력 수요 요구에의 대응과 이와 관련된 서비스의 제공

⑥ 전력계통 관리, 운용, 제어에 따른 정보처리의 고정밀화

그림 12 텐진 환경도시의 개요

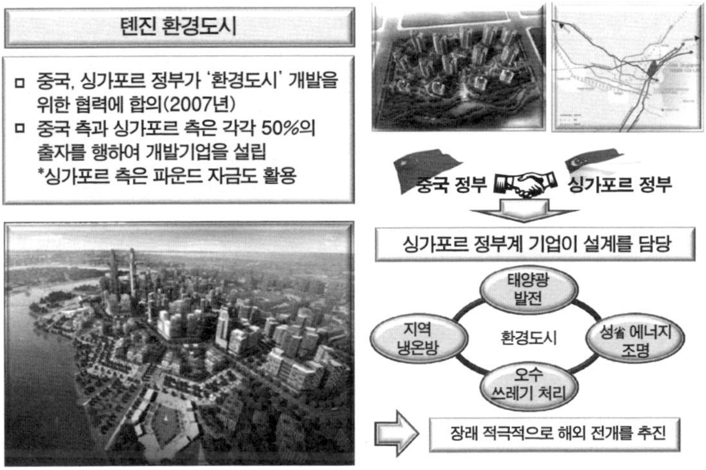

⑦ 전력계통과 수요자 사이의 쌍방향 연동

⑧ 전력계통 이용의 부가가치의 향상

이미 텐진 시天津市에서는 36만 명, 광저우 시広州市에서는 60만 명의 거주가 가능한 환경도시의 건축이 시작되었기에 그 동향이 주목된다.

다음 장에서는 일본에서의 스마트 그리드 도입의 움직임, 특히 대지진 및 원자력 사고에 대한 대응에 초점을 맞추고자 한다.

제 3 장

동일본대지진과 전력 네트워크

—스마트 그리드 도입의 중요성

이시마키 시石港市(2011년 6월11일)

이바 겐지伊庭健二

1 자연재해와 전력 네트워크

1. 동일본대지진에 의한 정전 피해

(1) 발전소

2011년 3월 11일 동일본대지진으로 인해, 전력 네트워크가 커다란 피해를 입었다.

도호쿠전력東北電力 관내에는 태평양 쪽에 위치한 발전소가 쓰나미로 인해 정지된 것뿐만 아니라 하치노헤八戸, 노시로能代, 아키타秋田의 주요 화력발전소와 지열발전소가 정지했다. 그리고 전력 수요에서도 막대한 피해를 입어, 지진 당일 최대 수요(1,299만 kW)가 지진 다음 날에는 절반까지 떨어졌다(583만 kW). 오나가와女川 원자력발전소에서는 1, 2, 3호기가 함께 운전 중이었지만 지진 직후에 바로 정지되어, 반나절 만에 모든 융합로가 100℃ 미만의 냉온 정지 상태에 도달했다. 지진 이후, 화력발전소의 회복은 신속했기 때문에, 지진 직후 450만 호가 정전되었지만 1주일 후에는 쓰나미에 따른 피해가 컸던 지역을 포함하여 29만 호까지 줄어 계획정전은 필요하지 않았다.

도쿄전력東京電力 관내에서는 전 전원電源의 약 2,100만 kW가 긴급 정지되었다. 전날의 최대 전력이 4,867만 kW였기 때문에 일시적으로 50% 가까운 전원이 공급중단된 것이다. 하지만 지진 직후 화력발전소의 복구는 신속했으며, 멈춰 있던 전원電源을 기동시키기도 하여, 지진 다음 날 도쿄전력에서 최대 전력 3,446만 kW의 전력을 공급할 수 있을 정도로 회복되었다. 지진이 금요일의 오후 3시 이전에 발생하여 다음 날이 전력 수요가 적은 토요일이었다는 점도 도움이 되었기 때문에, 도쿄전력 관내의 정전은 한정된 지역에 그쳤다. 그러나 돌아오는 월요일 이후에는 순환정전을 할 수밖에 없었는데, 그 이유는 많은 발전소의 입지가 해안선에 집중되어 있었기 때문에, 해안선 가까이에 있던 화력·원자력 발전소가 쓰나미로 재해를 입었고, 도쿄전력 관내의 수요가 지진에도 별다른 변화가 없었다는 점이 가장 큰 원인이었다(표 1 참조).

대형 증기력 발전소의 태반은 대량의 냉각수를 필요로 하기 때문에 본래 해안선에 건설되는 경우가 많아, 쓰나미의 피해를 입기 쉽다. 이제까지 도쿄전력 관내에서 발생한 대규모 정전사고의 경우, 대규모의 전원상실을 동반하지 않았기 때문에 수 시간 내에 복구된 경우가 많았다. 1987년 7월 23일에 발생한 전압무효전력 문

표 1 도쿄전력 관내의 원자력발전소의 가동상황

후쿠시마福島 제1 원자력 발전소

	정격용량	지진 전	지진 후
1호기	460	운전 중	정지
2호기	784	운전 중	정지
3호기	784	운전 중	정지
4호기	784	정지 중	정지
5호기	784	정지 중	정지
6호기	1100	정지 중	정지

후쿠시마 제2 원자력 발전소

	정격용량	지진 전	지진 후
1호기	1100	운전 중	정지
2호기	1100	운전 중	정지
3호기	1100	운전 중	정지
4호기	1100	정지 중	정지

가시와자키카리와柏崎刈羽 원자력 발전소

	정격용량	지진 전	지진 후
1호기	1100	운전 중	운전
2호기	1100	정지 중	정지
3호기	1100	정지 중	정지
4호기	1100	정지 중	정지
5호기	1100	운전 중	운전
6호기	1356	조정 운전	운전
7호기	1356	운전 중	운전

단위: kW

제에 따른 대규모 정전에서는 최장 4시간 동안의 정전 시간이 있었고, 2006년 8월 14일의 크레인 선박에 의한 송전선 절단사고에 따른 대규모 정전에서도 최장 5시간을 넘지 않았다. 간사이関西전력 관내의 한신아와지阪神淡路 대지진 당시에는 최장 6일을 기록했지만, 여기에는 지진으로 파괴된 시가지 등의 지역의 전력 복구 기간도 포함되어 있다.

(2) 송전망

그렇다면 송전망은 어떠했을까. 일본 전국의 송전망과 발전 설비량은 〈그림 1〉과 같다. 확실히 동일본대지진에 의해 송배전설비는 커다란 피해를 받았지만 피해가 막대하였던 것은 해안선의 배전망이

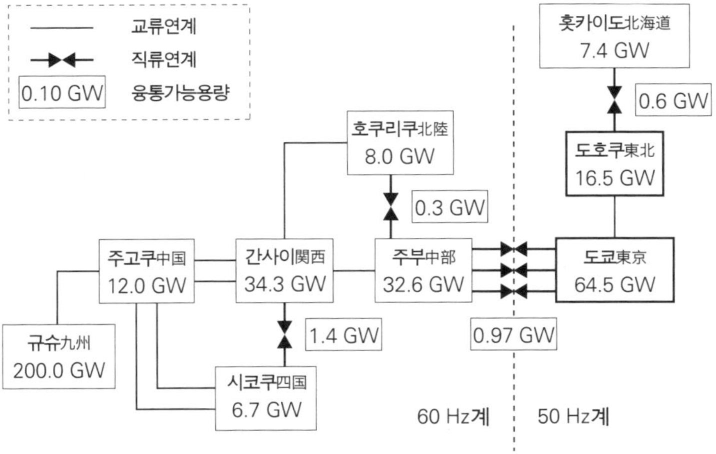

그림 1 국내의 발전설비용량과 계통연계

었고 기반 계통이라고 불리는 간선 루트와 대형 변전소에는 송전이 되지 않을 정도의 커다란 피해는 없었다. 이는 내진설계가 여러 외국보다 엄격하게 관리되고 있었기 때문이라고 할 수 있다. 한편 전력 회사 간에 융통할 수 있는 전력(융통 가능 전력)은 주파수가 다른 도쿄전력과 주부전력中部電力 사이에서의 가용량은 적다. 이는 주파수 변환소의 건설비용이 높고, 입지의 문제도 있기 때문에 대규모의 증설이 쉽지 않았기 때문일 것이다.

(3) 순환정전(계획정전)

전력품질은 전압, 주파수 등 여러 가지의 항목을 통해 평가되었지만 가장 중요한 전력품질의 요건은 정전 시간이나 정전 횟수라고 할 수 있다. 지진 전의 일본의 전력품질은 세계 제일이라고 일컬어

지고 있었는데, 평균 정전시간은 연간 16분, 1초 정도의 정전은 7년 동안 1회 정도였는데(파워 아카데미, 《세계 제일의 전기는 어떻게 만들어지는가》, 옴オーム사, 2009), 지진 후의 순환정전의 실시는 이 수치를 대폭 악화시킨 것으로 보인다. 동일본대지진 후의 순환정전을 계획정전이라고 부르는 경우도 있지만 본래 순환정전과 계획정전은 같은 의미가 아니다. 순환정전은 발전량이 예상되는 수요량보다 적은 것이 어느 정도 예상되는 경우 고의로 정전을 일으키는 것으로 그 영향을 지역마다 분산시키면서 계획적으로 전환하는 것이다. 계획정전은 예를 들면 배전선을 새로 설치하는 공사를 할 때, 정전할 지역의 주민에게 정전계획을 주지하는 경우에도 사용되는 용어로 유지보수를 동반하는 정전을 포함한다.

이러한 순환정전은 국내에서는 전쟁 후 혼란한 시기를 제외하고 실시된 적이 없었고, 영화 〈쿠로베의 태양黒部の太陽〉으로 유명한 일화에서, "쿠로욘黒四이 없으면 간사이関西지구의 순환정전을 피할 수 없게 되고, 이는 경제부흥에 지장을 초래한다"('쿠로베黒部' 댐은, 후쿠야마현富山県의 쿠로베강黒部川에 설치된 댐을 가리키는데, 그 댐에 건설된 발전소가 제4발전소였던 까닭에, 이 발전소를 쿠로욘黒四 댐이라고 부르는 사람도 있다—옮긴이)라는 우려가 언급된 장면이 있다. 여러 외국에서 순환정전이 실시된 경우는 급속한 경제발전에 의한 경우가 많았지만, 그럼에도 불구하고 안이한 전원계획에 대한 비난의 목소리가 높았다.

이렇듯 세계 제일의 품질을 자랑하던 국내 전력 산업에서 순환정전의 실시는 상상도 할 수 없었던 커다란 사건이다. 우려되었던 여름철의 고수요 시간대의 순환정전은 피할 수 있었지만, 전기 사업법 27조에 기반한 '전력사용제한령'에 따라 최대 전력수요를 작년의 15%로 낮추도록 하는 것을 법적으로 강화한 것은 전력수요가 큰 사업장뿐만 아니라, 일반 국민에게도 큰 영향을 미쳤다.

갑작스러운 지진이나 예상 밖의 쓰나미에 의한 피해에 따른 재해이기는 하지만 전력 시스템이 여태껏 없었던 커다란 피해를 입어, 국민 생활이나 국민 경제에 커다란 영향을 준 것은 사실이다. 이 불행한 경험을 기회로 더욱 재해에 강한 전력 네트워크를 구축할 필요가 있으며, 본 장에서는 지금까지의 계통 신뢰도의 사고방식에 사로잡히지 않고 보다 유연한 접근방법을 생각해 보고자 한다.

2. 자연재해와 정전사고

에너지 인프라인 전력 시스템에 막대한 피해를 준 자연재해는 지진이나 쓰나미뿐만이 아니다. 그 외에도 태풍, 허리케인, 회오리바람, 홍수, 토사 붕괴, 화산분화, 빙설 폭풍우(아이스 스톰) 등이 있다. 지진의 영향을 빈번하게 받고 있는 나라는 일본 이외에도 칠레, 중국, 아이티, 인도네시아, 이탈리아, 멕시코, 필리핀, 포르투갈, 미국 등이 있다. 따라서 자연재해에 따른 정전은 일본에만 해당되는 것이 아니라, 전 세계적으로도 관심의 대상이 되는 중요한 과제인 것이다.

칠레에서도 2010년 2월 27일에 커다란 지진이 찾아왔다. 이 당시의 지진 전후의 전력 공급력의 추이는 〈그림 2〉와 같다. 지진 직후에는 커다란 침체를 보여 주지만 1주일 정도 후에는 80%에서 90%까지 회복하는 모습을 확인할 수 있다. 한편 〈그림 3〉은 동일

그림 2 칠레 지진 당시의 회복 추이

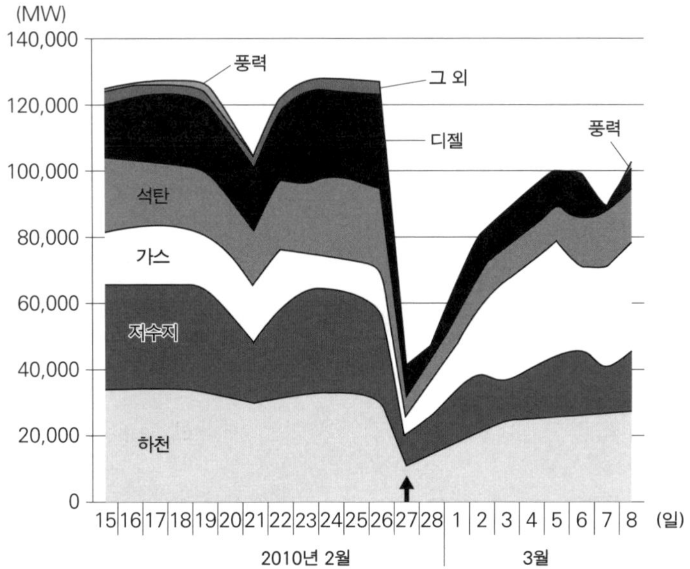

본대지진 전후의 최대 전력의 추이를 나타낸다. 봄을 맞이해서 전력 수요가 완만하게 저하하고 있는 시기이기는 하지만 도쿄전력 관내의 복구가 칠레의 케이스와 비교해서 늦은 감이 있다.

수요지와 공급지가 인접해 있는 경우는 양쪽이 동시에 자연재해의 피해를 받기 때문에 양쪽이 같은 속도로 회복된다고 할 때, 대체로 수급균형은 유지되게 된다. 바꾸어 말하면 커다란 피해를 받은 지역에서는 비상용 전원을 제외하고 복구가 본격적으로 진행되어 수요가 회복될 때까지는 전력 공급이 부족하더라도 곤란하지는 않게 된다. 하지만 동일본대지진에서는 도쿄전력 관내의 수요측의 회복은 빨랐으나 전원의 복구는 쉽지 않았기 때문에 공급부

그림 3 동일본대지진 당시의 최대 전력의 회복 추이

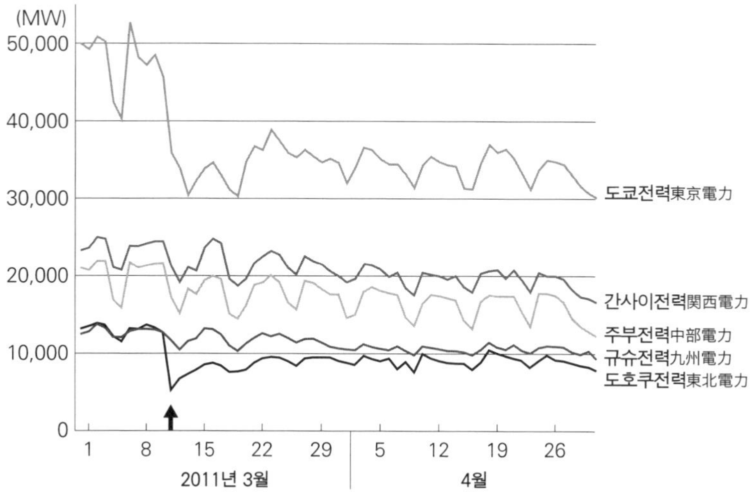

족 상황에 빠지게 되어 순환정전에 이르게 된 것으로 보인다.

일본에서는 화력 발전이나 원자력 발전과 같은 대형 수증기력 발전소의 태반이 수요지로부터 멀리 떨어진 해안선에 건설되어 있기 때문에 자연재해에 대해서는 더욱 경계를 강화할 필요가 있고, 이들 발전소를 더 분산 배치할 필요가 있다고 한다.

3. 공급 신뢰도의 지침

(1) N-1 기준

전력 시스템은 외부의 혼란 속에서도 안전하게 운전이 계속될 수 있도록 설계되어 있다. 가장 일반적으로 인정되는 공급 신뢰도의 지침은 'N-1 기준'으로 불리는 것으로, 'N개의 설비 중 한 설비가 사고나 고장으로 사용할 수 없게 되도, 나머지 N-1개의 설비만으로도 대형 정전을 일으키지 않는다'는 개념이다. 이는 발전기뿐 아니라 송전선이나 변압기에도 적용되어 단일 사고라면 어떠한 상황에서도 계통이 안정적으로 유지되는 것을 목표로 하고 있다. 국내의 전력 시스템은 기본적으로 이 기준을 충족시키기 위하여 설계되어 있고, 일부는 N-2 기준(단일 사고만이 아닌 복합 사고 때에도 큰 정전을 일으키지 않는 기준)까지 고려하여 설계되어 있다.

이 N-1 기준은 유지하는 것이 쉽지 않으며, 결코 허술한 기준이 아니다. 예를 들면 국내의 주요한 송전선은 2회선 철탑으로 구성되는데, 1회선이 사고나 고장으로 송전할 수 없게 되더라도 문제없도록, 평소에 송전 능력 상한의 절반 이하의 전력만 송전하고 있다. 또한 신뢰도를 높이기 위해서는 N-2, N-3 기준에 분하여 2중사고, 3중 사고에도 견딜 수 있도록 설계하는 것도 생각할 수 있지만, 상정해야만 하는 사고나 고장 등이 증가하면 할수록 설비의 이용률이 대폭 저하되기 때문에 경제적으로 좋은 방책이라고는 할 수 없다.

(2) 예방제어와 교정제어

또한 계통제어에는 기준이라 할 만한 것은 없지만, 그와 같은 개념은 몇 번의 변화를 거쳐 현재에 이르고 있다. 예방제어(preventive control)는 언제 사고나 고장이 일어나도 중대한 사태에 이르지 않도록 사전에 회피시키는 것이다. 기상 레이더에 커다란 뇌운이 관측된 경우, 그 밑의 송전선에는 큰 전력을 보내지 않고 뇌운을 받은 경우의 외부적 혼란을 억제하는 것은 실제 시행되고 있는 예방제어의 예시라고 할 수 있다. 예방제어는 '유비무환'과 같은 제어로서, 예측이 기우로 끝나는 경우도 있어 경제적 비용이 높아지는 결점이 있다.

한편 교정제어(remedial control)와 같은 제어는 사고나 고장이 일어났을 때 어느 정도의 장애는 각오하고 포기하지만 그것이 파급되지 않고 급속하게 복구할 수 있도록 수순을 정하는 제어이다. 이 제어에는 설비 이용률이 높고, 비용도 저렴하게 억제할 수 있는 장점이 있지만, 사전에 중대사고로 확대될 가능성이 있는 사고나 장해를 파악하여 그것이 일어난 후의 조작수순을 사전에 결정해 놓을 필요가 있다.

국내의 전력 시스템은 이러한 신뢰도 기준이나 제어 정책에 기반하여, 신뢰성 높은 정전 없는 시스템을 구축해 왔지만, 비록 동일본대지진이라는 예상 밖의 원인이 있었다고는 하더라도, 결국 사회생활에 큰 영향을 끼친 정전이나 절전을 피할 수 없었다는 점을 교훈으로 삼아야 한다.

4. 지진을 기회로 다시 재검토가 필요하게 된 신뢰도의 사고방식

(1) 유연한 시스템

앞에서 서술한 N-1 기준은 구성 요소의 수인 N이 많아질수록 충족시키기 쉽다. 가마를 드는 사람이 5명일 때에는 1명만 빠져도 부담이 커지지만, 10명일 때에는 1명이 빠져도 부담이 그렇게 크지 않다는 예를 생각하면 이해하기 쉽다. 그런데 동일본대지진에는 1대의 발전기뿐만 아니라 절반에 가까운 전원電源이 일시적으로 나가

버려 N-1뿐 아니라 N/2의 상태까지도 상정하지 않으면 안 되게 되었다. 지금까지는 2개가 동시에 사고나 장해를 일으킬 확률이 극히 낮다는 논리로 N-2 기준도 쓸데없다고 여겨져 왔지만 해안선에 집중하고 있는 발전소가 동시에 여러 대 피해를 입는 사태를 실제로 경험하자 이러한 심각한 사태에 대한 준비도 필요하게 되었다.

하지만 'N/2 기준' 등을 시행하면 최고 수요의 1.5배의 전원을 확보하여 곧장 가동할 수 있는 상태로 두지 않으면 안 되기 때문에 경제적으로 손실이 너무 심하다. 가마를 비유로 들자면, 통상 10명의 가마꾼이 있으면 충분한 일을 절반의 5명이 동시에 상처나 병이 날 것을 염두 하여 새로운 5명의 가마꾼을 고용하여 보통은 쓰지 않고 가마의 옆에 세워놓는 것이다. 더구나 이러한 긴급사태는 100년에 한 번 있을까 말까 한 상황이다.

이렇게 생각하면 큰 자연재해 등에 대한 대비는 상시의 신뢰도 유지와는 다른 별도의 기준을 마련하는 것이 필요할 것으로 보인다. 극히 드문 경우이지만, 이를 상정해 둘 필요가 있는데, 보통 때의 대응과는 다른 방책에는 어떠한 것이 있을까. 최근 해외의 문헌(예를 들면 Hugh Rudnick et al., "Disaster management," *IEEE power & Energy*, vol. 9, no. 2, March-April 2011) 등에도 'Resiliency'와 같은 용어를 흔히 볼 수 있다. '대지진 당시의 피해 범위를 가능한 한 억제하고, 단기간에 회복하는 능력'으로 해석된다. 이와 같은 사고방식에는, 큰 재해 때에는 일단 장해를 입을 것을 각오하지만, 그와 같은 장해를 최소한으로 억제하고 빠르게 회복할 수 있는 유연성 있는 시스템이 요구된다.

그림 4 피해범위를 가능한 한 억제하고, 단기간에 회복하는 전력 계통

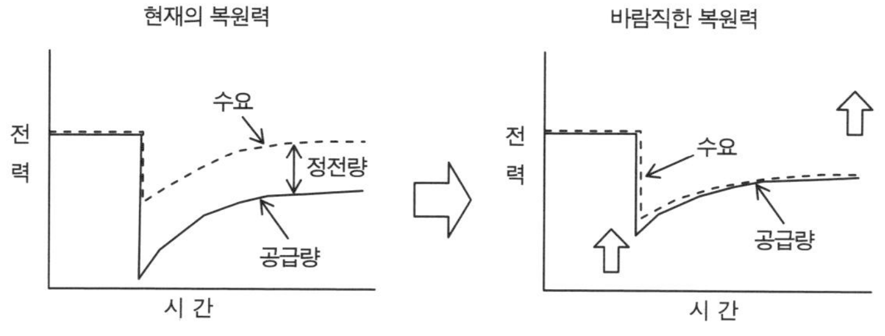

(2) 유연한 시스템을 어떻게 실현해야 하는가

이에 대한 실현 방안으로는 몇 가지 접근방법을 생각할 수 있다. 그 예시는 〈그림 4〉와 같다. 우선 발전소의 해안선 집중을 피하고, 분산화를 지향한다. 지금까지의 사고방식은, 싼 가격의 발전에 편중되지 않고, 연료 조달 리스크 등의 요인을 고려하여 균형 있게 전원電源을 선택한다는 의미였다. 하지만 지리적으로는 대규모 전원이 해안선에 집중되어 있다는 점은 부인할 수 없다. 태양광 발전이나 풍력 발전에 따른 소형분산을 꾀하여 에너지 보안성을 높일 필요가 있다. 이를 통해 큰 자연재해가 닥치더라도, 운전을 계속할 수 있는 전원을 늘릴 수 있기 때문에, 공급량의 급격한 침체는 막을 수 있다.

또한 공급력이 순조롭게 회복한다면 그 이상 바랄 것이 없지만, 만약 복구가 늦어진다고 하더라도 수요를 공급량에 맞추어 자율적으로 억제한다면 정전은 피할 수 있다. 수요자가 원하는 전력공급을 항상 실행하는 것이 전력 회사의 의무 중 하나이지만, 대형 재해

때에는 수요자도 스스로 전력의 사용을 줄여 정전방지에 기여하는 것을 시스템 안에 포함시킨다는 발상도 가능한 것이다.

5. 순환정전도 피할 수 없는 혼란

동일본대지진 당시에는 피해를 입은 화력 발전기의 복구를 서둘렀고, 멈춰 있는 발전기를 가동시켜 수요에 맞추고자 했지만 공급부족을 메울 수 없을 것이라 예상되었기 때문에 순환정전을 실시하였다고 생각된다. 순환정전은 무질서하게 제어할 수 없는 정전이 광범위하게 파급되기 전에, 전력회사가 의도적 그리고 계획적으로 정전을 일으키는 것으로, 정전이라는 점에서는 달라지는 것이 없지만, 잘 제어된 정전이라는 측면에서 볼 때, 관리된 계획정전이라고 하겠다. 하지만 실제로 이와 같은 순환정전을 실시할 때에는 다음과 같은 문제가 있다.

① 사전에 정전 규모를 정확하게 안내할 수 없다—희박한 빈도로 일어나는 일이기 때문에, 과거의 사례에 의지할 수밖에 없기에 수요예측이 어렵다. 또한 철도가 움직이게 되면 도시 기능이 움직이게 되어 수요가 높아지는 등, 인프라와 발전 수요 간의 복잡한 상호관계를 파악하는 것이 어렵다. 그 결과, 수요자 입장에서는 안내가 정확하지 않기 때문에 불만이 쌓이게 된다.

② 그룹 분할이 복잡하고 파악하기 어렵다—배전망과 행정구분이 일치하지 않기 때문에 안내된 정보만으로는 그룹 분할에 대한 판단을 할 수 없는 경우가 있다. 그룹의 단위가 큰 편(그룹 수를 적게 하고 광범위하게 정전시키는 방법)이 계통 조작에 용이하고 안

그림 5 순환정전의 구분의 크기와 정전 범위

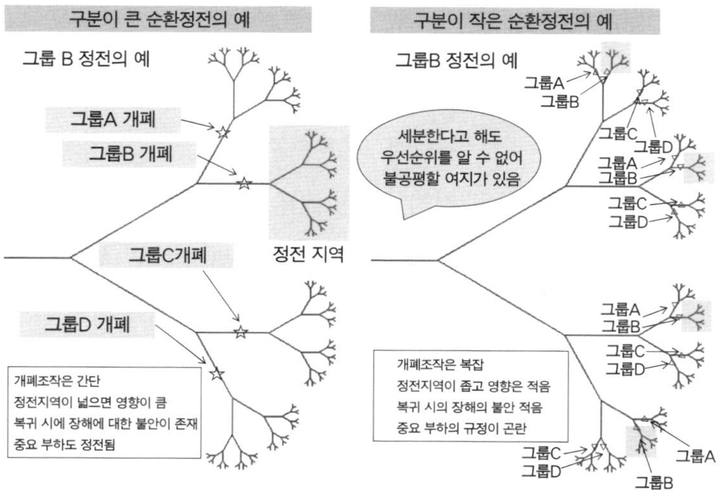

내하기도 하기 쉽다고 생각되지만, 정전 지역의 피해와 복귀조작 시의 장애와의 관련성은 커진다. 도쿄전력에서는 몇 회에 걸친 순환정전의 경험을 거쳤지만 여전히 복잡하고 파악하기 어렵다는 인상을 지울 수 없었다(그림 5).

③ 중요 부하를 규정하는 것이 어려운 데다, 결국 중요 부하마저도 정전되고 만다. 순환정전은 계획되어 있다고는 하나 수요의 중요성을 공급 측에서 판단할 방법이 없다. 실제 공공시설인 교통신호나 경찰, 행정 시설이나 사무실, 병원까지도 정전되는 경우가 있고, 일반 가정에도 의료기기나 냉장고의 정전으로 인해 불편함이 있다.

④ 교외의 정전이 많기 때문에 불공평함이 있다—이미 실시된 순환정전의 결과를 보면 도쿄 23구 내의 정전은 최소한으로 억제

하고 있다. 이는 사회적인 영향을 감안한 조치가 아닐까라고 생각되지만 한편으로는 교외 지역의 경우 정전 실시로 인해 지역 간 격차가 생겨 불공평한 측면이 남았다.

⑤ 정전을 상정해서는 안 되는 기기에 문제가 발생한다—일본의 전력 공급의 신뢰도는 세계 최고 수준이고, 정전이 거의 일어나지 않기 때문에 최근의 전기, 전자기기의 대다수는 정전을 상정하지 않고 만들어졌다. 구식의 기기는 콘센트만 뽑으면 전기가 끊어졌기 때문에 정전에서 복귀하면 바로 기능이 회복되지만, 최근의 기기는 전자화되어 있어, 전기를 복구해도 리셋 상태로 돌아가 버린다. 데스크 탑 PC 등에는 무정전 전원 장치를 준비하지 않는 한 데이터 손실이나 하드 디스크 등의 손상이 일어날 가능성도 있다. 전력회사와 라이벌 관계인 가스회사가 제공하는 가정용 연료 전지 시스템도 정전 때에는 운전할 수 없고 자립 운전 능력을 발휘할 수 없었다고 한다.

이처럼 설령 계획된 정전이라고는 하나 순환정전의 사회적인 영향이 지대하다는 것은 틀림이 없기에 될 수 있는 한 피하는 것이 바람직하다.

2 스마트 그리드의 평가와 과제

1. 미온적이었던 국내에서의 반응

스마트 그리드는 오바마 대통령의 취임연설 이후 세계 각국에서 각

광을 받았지만 그 정의는 애매하다(제2장 참조). 일본 국내에는 새로운 산업의 탄생이라는 관점에서 기대감이 컸는데, 각 업계가 스마트 그리드를 받아들이는 반응은 대략 다음과 같았다.

(1) 전력회사의 반응

국가가 정한 재생가능 에너지의 도입 촉진에 협력한다. 하지만 태양광 발전이나 풍력 발전은 전력품질이 낮기 때문에 현재의 높은 품질을 떨어뜨리는 것은 피하고 싶다. 이들 전원電源을 전력계통 안으로 도입하기 위해서는 일정 지역 내의 자급자족 발상으로는 한계가 있다. 국내의 전 계통에서 흡수하는 식의 접근방법이 필요하다. 가격 부담에 대해서는 아직 국민들의 인식이 부족하다는 염려가 있다. 국내의 전력 계통은 이미 완비되어 있고 여러 외국에서 염려하는 것과 같은 송배전망의 문제는 없다. 자동화도 진행되고 있어 공급신뢰도는 세계 최고 수준이다. 수요의 증가도 둔화되고 있기 때문에, 설비 확충의 필요성이 한정되어 있다. 일본 국내에서의 스마트 그리드 기술의 수요라고 하면, 낙도에서의 자연 에너지 이용을 들 수 있는데, 관광자원이 많은 낙도에 비용이 비싼 화력 발전 대신에 자연 에너지를 활용할 수 있다는 점에서 메리트는 크다.

(2) 일본 해당 기업들의 반응

일본의 전력회사를 대상으로 하는 시장은 작기 때문에, 해외에서의 사업 확대의 기회로 삼아야 한다. 해외 시장에서의 요구를 파악하기 위해서는 해외 실증시험의 경험을 쌓을 필요가 있다. 국제 경쟁은 국제표준화로 우위에 서는 것이 필수불가결하기 때문에 실증시험에서 선택된 사용 예(실증 예를 들어서 기술이 확립되었음을 보여 주는 것)를 쌓아서, 교섭력을 높여야 한다. 국내 시장에서는 금후 공장 내의 에너지 관리(FactoryEnergy Management System, FEMS)나 오피스 빌딩, 상업시설 빌딩 등의 에너지 관리(Building Energy Management System, BEMS) 등에서 사업 기회가 있기 때문에, 종합적 서비스가 가능한 기술력을 확립해야 한다.

(3) 정보산업의 반응

가정이나 사무실의 에너지 사용방법을 파악하는 것은 이후의 사업에 커다란 영향을 줄 것이다. 미국의 구글 사가 가정 내의 에너지 관리(Home Energy Management System, HEMS)에 참가한 것도 주목할 만하다. 전력 시스템과 정보 시스템을 융합할 때의 문제가 되는 '라스트 원 마일' 문제(전력회사의 정보망은 주상 변압기 레벨까지는 확립되어 있지만 각각의 가정에까지 이를 전개하려고 할 때, 통신량이 증가하는 문제)나 사생활 문제를 해결하여 사업에 참가해야 한다.

(4) 상사, 건설회사의 반응

장차 세계 인구는 증가를 거듭하여 개발도상국을 중심으로 새로운 중소도시가 형성될 것이다. 새로운 도시 개발 구상을 내걸고 '그린 시티'를 건설할 필요가 있지만, 이때에 전력, 가스, 수도, 교통, 통신, 주택, 쓰레기 등 도시 기능의 모든 것을 망라한 계획을 입안할 필요가 있다. 이렇게 된다면 스마트 그리드의 범위를 넘어 스마트 커뮤니티, 스마트 시티와 같은 구상에 이르기까지 그 범위를 넓혀 설계를 할 필요가 있다. 상사, 건설회사의 노하우를 살려서 국내의 개별기술을 통합하여 현지의 행정부와 조정하는 사업에 참가해야 한다.

2. 국내 실증시험의 과제

실증시험은 스마트 그리드의 기술개발에서 상당히 중요하다. 지금까지 R&D로 불리던 전력기술 분야의 연구 개발(Research & Development)이 요즘에는 RD&DD(Research Development and Demonstration)로 기술되는 경우가 늘고 있다. 이것은 실용화에 도달하기까지의 프로세스로, 실증이 필수 불가결하게 되었음을 의미한다. 특히 스마트 그리드의 검증에서는, 집중형의 기기가 아닌 분산형 기기를 많이 사용하고 더구나 그것들이 수요자 측에 설치되기 때문에, 유지 및 운용을 포함한 장기간의 실증이 요구되고 있다. 하지만 국내 실증에서는 국가 자금을 사용하기 때문에 자산관리가 엄격하며, 시험기간이 끝난 뒤에는 자재를 매각하거나 회수하지 않으면 안 된다. 실증에 참가하는 쪽은, 일반 가정에서도 민간 기업에서도 앞으로 운용이 보증되지 않는 기기를 구입하지는 않기 때문에 대부분은 회수되어 폐기된다. 가능하다면, 실증시험 후에도 장기적으로 사용하여 장기 운용상의 문제점도 찾아낼 수 있는 시스템이 필요하다.

스마트 그리드의 실증시험의 평가에 관해서도, 몇몇 과제가 제기되고 있다. 지금까지 전력, 에너지 관련 실증시험에서는 전력회사

한국 제주도의 스마트 그리드 홍보 모습

나 대규모 공장에 도입된 대형기기 등을 시험의 대상으로 하는 경우가 많았다. 이러한 기기를 관리 운영하는 입장의 전문가가 가격이나 효율을 정량적으로 파악하는 것을 통해 평가한다면 이러한 실증의 방법이나 결과를 많은 사람에게 보여 줄 필요는 없었다. 하지만 스마트 커뮤니티, 스마트 시티를 만든다는 관점에서 평가하려 한다면 그 평가의 주체는 주민이 된다. 분산형 전원電源으로 한다 해도 수요자 측에 설치된다고 한다면 평가자는 수요자가 된다.

한국의 제주도에서 실시 중인 스마트 그리드의 실증 프로젝트를 소개하는 전시장 모습을 보여 주는 앞의 사진을 참조해 주기 바란다. 제주도의 프로젝트는 아직 수치적으로 평가가 되지 않아 결과는 나오지 않았지만, 홍보활동에는 열을 올리고 있어, 일본 내외의 참관자를 널리 받아들여 비전문가에게도 알기 쉽게 설명하고자 하는 노력을 기울이고 있다. 또한 지역의 주민 일부도 실증 시험의 협력을 하고 있어 주민 참가형의 프로젝트를 지향하고 있다. 일본 국내에서도 이후 이러한 프로젝트를 실시할 경우에 지역 주민의 참가를 요구하여 지역에서 높은 평가를 얻는 것이 중요하다. 또한 지역 주민뿐만 아니라 널리 일반에게도 홍보활동을 충실히 해 갈 필요가 있다.

3. DSM과 DR

1980년대 후반부터 1990년대에 걸쳐서 DSM(Demand Side Management)라는 테마가 널리 논의되었으며, 그에 대한 실증시험도 행해졌다. 이는 전원 계획을 수립할 때, 피크 시간대에만 가동하는 고가의 전원 시설을 건설하는 대신에, 수요자에게도 수요의 조정을 요청함으로써 전체 발전 비용을 절감하고자 하는 것이다. 구체적으로는 시간별 요금 체계를 도입하여 수요자의 의사가 있을 때 수요 조정을 하는 것을 통해, 결과적 부하의 평준화를 추량하고, 발전기의 운전효율을 높여 신규 전원의 건설을 가급적 뒤로 미루는 것이라고 하겠다. 이를 실현하기 위한 기술과제는 수요 측과 공급 측 간의 쌍방향 통신과 유연한 시간별 요금 체계를 실현하는 전력 측량의 개발에 있다. 이러한 구상은 DR(Demand Response)의 개념을 이어받은 것이다.

DSM은 그 후에 시작된 전력 자유화(규제완화, deregulation)가 대두됨에 따라, 당시의 경영 전략에서 사라졌다. 당시의 DSM이 지역 독점이던 전력회사의 경영전략의 일환으로 설계되어 있었기 때문에 수요자가 전력 회사를 선택할 수 있는 새로운 상황에서의 효과를 예측하기 어려웠기 때문이다.

쌍방향 통신기술도 당시 미숙했는데, 이와 관련된 재미있는 일화가 있다. 수급이 불균형을 이룰 때, 전력회사가 수요자에게 신호를 보내 차단기를 내려서 수요를 강제적으로 떨어뜨리고, 그에 대한 보상으로 전기를 저가에 공급한다고 하는 규칙을 적용한 적이 있었다. 하지만 실제로 차단신호를 보내도 전력 수요가 줄지 않아, 이상하게 여겨 직접 조사해 보니 수요자가 수신기의 안테나에 빈 캔을 씌워, FM으로 송수신하는 신호를 차단하고 있었던 것이다. 부정행위와는 조금 다르지만, 이런 작은 조작으로도 실패하고 마는 미숙한 장치 탓에, 쌍방향 통신이 제대로 구현되지 않았던 것이다. 최근에는 지상파 디지털 TV마저 개체를 식별하면서 쌍방향 통신을 하기 때문에 이러한 실패는 앞으로는 없을 것이다.

4. 스마트 미터기

(1) 평가와 냉정한 시선

스마트 그리드에 대한 수많은 정의가 있으나, 모든 정의에 공통으로 포함되는 것이 '쌍방향 통신'이다. 스마트 미터기는 쌍방향 통신을 가능케 하는 하나의 수단으로, 해외 제품이 지금까지 많이 소개되었고, 국내에서도 새로운 쌍방향 미터기 도입을 위한 검토가 진행되고 있다.

스마트 미터기에 대해서는 다음과 같은 평가가 있다.

- 사용 시간대에 따라 전기 요금이 달라지는 시간별 요금체계의 도입이 용이해진다.
- 현재, 수작업에 의지하고 있는 검침 업무가 자동화될 수 있으며, 가스, 수도 등의 통합검침이 가능하게 된다.
- 이사 등의 통전개시에 인력을 파견하지 않고, 원격조작으로 할 수 있다.
- 쌍방향 통신이라고 해도 일반 가정의 전력량계에 추가할 만한 매력적인 부가서비스가 딱히 없다고 하는 의문이 든다.
- 스마트 미터기는 전력량계의 기능에 한정시키고, 그 외의 다른 서비스는 별도의 장치, 예를 들면 홈 서버 등을 통해 제공하는 편이 좋지 않을까?
- 요금신호를 보내, 수요자가 스스로 수요조정을 기대하는 수요 반응(DR)이 스마트 미터기의 유망한 기능이라고 보지만, 일반 수요자가 과연 전기 사용에 대한 요금신호에 적극적으로 피드백을 줄 것이라고는 생각되지 않는다.
- 전력량계는 장기간의 사용에 견딜 수 있어야 하며, 이를 통해 기존의 엄격한 검침을 생략해도 될 정도로 내구성이 있어야 한다.

(2) 아직 가시화되지 않은 서비스 단계를 향해

앞선 바와 같은 논의에도 불구하고 당장에는 별달리 큰 변화는 일어나지 않을 듯 보이지만, 여기에서 〈철완 아톰〉이라는 만화의 한 장면을 참고해 주었으면 한다(그림 6). 〈철완 아톰〉은 데츠카 오사

그림 6 1960년대의 SF 만화 〈철완 아톰〉에서 묘사된 전화

ⓒ 데츠카 프로덕션

무手塚治虫 원작의 1960년대 일본의 유명한 SF만화인데, 로봇인 아톰이 국제전화를 할 때에 호출을 받고, 고전적인 검은색 다이얼 전화기로 통화를 하고 있는 모습을 확인할 수 있다. 당시 전화라는 것이 이러한 검은색 다이얼 전화밖에 존재하지 않았기 때문에, 만일 전화기를 다른 형태의 기기의 모습을 그렸다면, 그것이 전화라는 것조차 이해할 수 없었을 것이다.

이후, 전자식 버튼 전화가 새로 생기고 나서야, 검은색 다이얼 전화에 없었던 단축 다이얼과 계산 서비스 등이 가능하게 되었는데, 당시 버튼식 전화에는 숫자 10개와 #, 그리고 ✻을 포함해서 총 12개의 버튼밖에 없었지만 당시 고가였던 전자계산기 대신에 음성

그림 7 다이얼을 돌리는 검은색 전화에서 현재의 스마트 폰으로의 변천

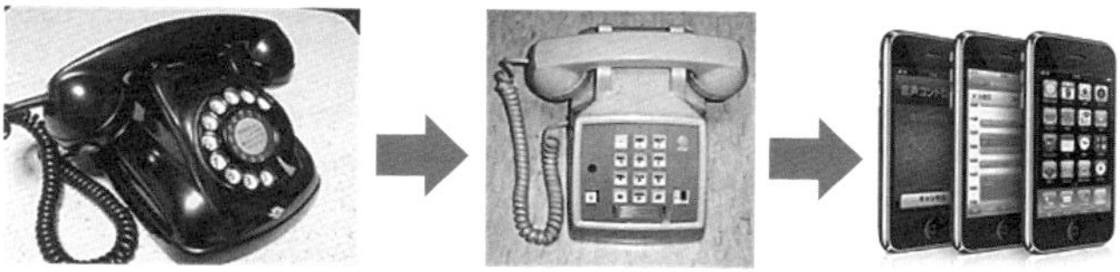

일본 통일규격의 검은색 전화 버튼식 전화 스마트 폰

그림 8 원반형 전력량계로부터 스마트 미터기로의 변천

원반형 전력량계 스마트 미터기 및 홈 서버

으로 계산 결과를 읽어 주는 서비스를 제공했다.

통신사업의 말단이 다이얼 전화에서 버튼식 전화로 바뀌고 또한 이것이 스마트 폰으로 진화하는 등의 일련의 과정을, 전기사업에 비유하자면, 원반이 도는 방식의 전력량계로부터 스마트 미터기로 바뀌게 되면, 이것이 장래에는 지금 아직 가시화 되지 않은 기기 혹은 서비스로 진화할 것으로 생각되는 것이다(그림 7, 그림 8). 이 둘의 유사점을 정리하면 〈표 2〉와 같다.

이와 같은 비교를 통해, 전력량계가 스마트 미터기로 바뀌는 것은 작은 변혁이지만, 이러한 작은 변혁이 이후의 큰 변혁의 시발점이 되었듯이, 현재 준비할 수 있는 어플리케이션이 비록 하찮을지

표 2 버튼식 전화기와 스마트 미터기의 유의점

버튼식 전화	스마트 미터기
통화 이외의 기능이 처음으로 추가되었다	전력 계량 이외의 기능이 처음으로 추가될 가능성이 높다
그 이전에는 통일된 규격의 검은색 다이얼 전화밖에 존재하지 않았으며, 전기 사업자로부터 독점적으로 공급받아 왔다.	전력측량은 일본 전기계기검정소의 검정에 합격한 것만 사용할 수 있고 전력 회사가 임의로 설치 및 교체를 담당한다.
이전의 검은색 전화는 손으로 돌리는 다이얼식이었지만 전자식으로 바뀌었다.	아직까지는 원반이 돌아가는 아날로그 타입이 많지만 전자식으로 바뀔 것으로 보인다.
단축번호와 계산기 기능은 새로운 기능이지만 그다지 매력적인 기능은 아니었다.	새로운 기능은 시간별 요금에 대한 대응과 원격 개폐기능 정도가 기대된다.
그 후 여러 가지 기술이 개발되어, 현재는 스마트 폰이 널리 보급	?

도 모르지만 전력 계량 이외의 기능을 추가하는 것은 앞으로의 미래를 위한 작지만 큰 걸음이라고 말할 수 있다. 또한 저명한 SF만화가였던 데츠카 오사무도 미래의 전화기를 검은색 다이얼 전화로 묘사했듯이, 종래의 전력량계에 익숙한 우리들은 스마트 미터기 이후 더 극적인 변혁에 대해서는 상상조차 하지 못하고 있는 것은 아닐까.

3 재해에 강한 스마트 그리드

미증유의 천재지변인 동일본대지진에서는 수많은 거리가 쓰나미에 의해 유실되었고 그곳에 살던 수많은 사람들이 생명과 재산을 잃었다. 재난의 복구는 일본 국민 모두의 희망이겠지만, 복구는 확실한 정책을 기반으로 기술적인 전략을 통해 실행해야만 하는 문제이다. 가설 주택의 정비와 같은 긴급대책에는 도움이 되지 않겠지만, 본격적인 복구의 시기에는 스마트 그리드 혹은 이를 확장한 스마트 시티라는 개념을 활용할 수 있다. 이어서, 그와 같은 구상에 요점이 되는 사항에 관해 논하고자 한다.

1. 우선도별 공급의 실현

전력 공급망의 신뢰도에 대한 개념을 수정하여, N/2 기준, 즉 주요한 전원電源이 절반 이상 손실된다고 하더라도 정전이 되지 않게 하기 위해서는, 수요자 측이 자율적으로 수요를 절반으로 낮출 수 있는 수단이 필요하다. 이를 실현하기 위해서는 스마트 그리드의 주요한 역할인 쌍방향 통신 기능을 사용한다. 즉 스마트 미터기나 홈서버를 활용하여 긴급할 때에는 수요자에게 우선순위가 낮은 전력 공급을 우선적으로 차단하는 것이다. 이와 같은 개념은 〈그림 9〉를 참조하여 확인할 수 있다. 사실 예전에 이미 품질별 전력 공급에 대해 연구가 진행되었던 적이 있다. 'FRIENDS'라고 불리던 이 개념은 비용 면에서 이점이 보이지 않아 보급에까지 이르지 못했지만, 전력품질을 규정하는 여러 가지 요인 중에 가장 중요한 '무정전'에 우선순위를 매겨 구분하는 것은, 재해 시 등의 긴급한 상황에 매우 유효하다. 현재 일본에서 검토되고 있는 스마트 미터기에도 원격 개폐기능이 탑재될 예정인데, 수요 반응에서 논의된 쌍방향 통신 기능보다 긴급 지령 쪽이 더 간단하다. 미래에는 우선순위가 높은 실내 배선의 콘센트를 색깔로 구분하는 것도 가능할 것이다.

그림 9 수요자의 우선순의 전력 공급하는 스마트 미터기

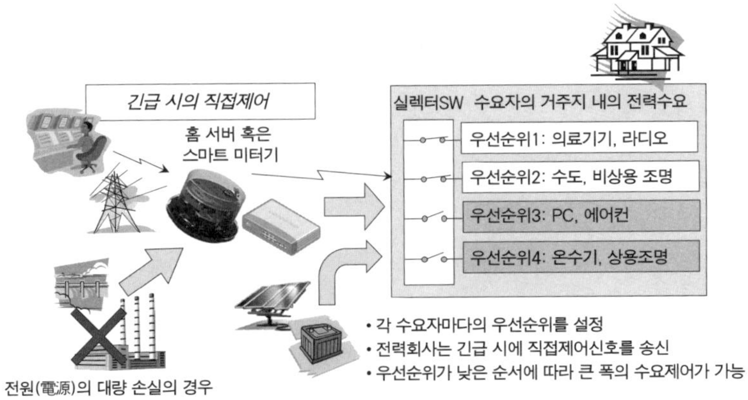

2. 실증시험이 목적이 아닌, 본격 복구 프로젝트

재해 지역에 대한 하루라도 빠른 복구는, 일본 국민 전체의 염원이기도 하고 그 무엇보다 우선도가 높은 과제이다. 한편, 스마트 그리드 기술의 연구 개발과 이후의 비즈니스 전개에서 실증시험이 매우 중요하다는 것은 앞에서도 이미 서술했다. 이 두 가지의 요구를 동시에 충족시키는 것이 가능한데, 다시 말하면,

- 이제까지, 이미 설치된 안정적인 배전망을 대신하여, 새로운 배전망을 부설하는 것의 이점은 별로 없었지만, 심각한 손상을 받은 넓은 지역에서는 새로운 구상을 기반으로 배전망을 새롭게 부설하는 것은 경제적으로 이점이 있을 것이다.
- 지금까지의 실증시험에는 민간 개인에게 이익이 제공되지 않도록 시험이 종료된 후에는 자산이 처분되는 경우가 많았다. 그러나 피해지역의 경우, 실험 자재도 피해지역의 복구에 기

여할 수 있기 때문에, 그대로 계속적으로 사용할 수 있도록 사회적인 합의가 이루어지기 쉽다. 또한 이때의 장기간에 걸친 운용실적을 기반으로 하는 주민에게 대한 정보 수집이 가능하다면 이와 같은 실증의 가치는 더욱 높아진다.

3. 소도시·거리 설계를 통한 스마트 시티의 건설

지진으로 말미암은 쓰나미에 의한 큰 피해를 입은 지역의 경우, 앞으로 100년 후 200년 후의 미래에 다시금 올지도 모르는 쓰나미에 대비하여 해안선에 가까운 저지대의 이용을 자제하자는 의견도 있었다. 그렇지만, 상공업과 관련된 사람들에게 저지대의 이용은 필수불가결하다는 의견이 많다. 그렇기 때문에, 해안 가까이에 위치한 저지대에는 상공업 지구를 부활시키되, 쓰나미에도 견딜 수 있는 피난소(5층 구조의 주차장 등)를 병설하는 것이 대안으로 고려되고 있다. 한편 고령자 시설이나 학교, 병원, 일반 주택 등은 높은 지역에 건설하는 것이 바람직하며, 또한 이들을 연결하는 지역에 적합한 공공교통 시스템이 필요하게 된다. 환경문제를 생각한다면 전기버스, 간이 철도, 모노레일 등의 선택도 가능할 것이다.

한편 스마트 그리드 구상도 초기 단계에서는 지역 내의 전력 계통망 구상에 한정되어 있었지만, 이와 같은 스마트 커뮤니티, 스마트 시티로 개념이 확장되면, 새로운 도시 설계에 대한 제안 및 개별 요소의 통합기술, 도시 인프라 운용기술 등이 스마트 그리드의 새로운 과제로 대두되게 된다.

복구를 지휘하는 국가나 지방 공공단체는 PFI(민간 자금의 활용에 따른 공공시설의 정비)를 입찰하고, 국내 기업은 이를 계기로 기술력을 높이는 것이 가능하다. 기업 그룹은 지역의 요구에 맞는 지역을 다른 그룹과 경쟁하여 건설하고, 지역 부흥에 공헌한다. 또한 이와 같은 기술은, 앞으로 인구 증가에 따른 새로운 도시 개발 사업이 세계적으로 큰 시장을 형성할 것으로 기대되기 때문에, 그대로 응용할 수 있는 기회가 열릴 것으로 보인다.

4. 비상용 전원으로서의 재생가능 에너지의 보급

일찍이 재생가능 에너지의 보급은 CO_2 배출을 억제할 수 있는 마지막 수단으로서 기대되었는데, 후쿠시마 제1원자력 발전소의 사고 이후, 원자력 발전의 대체 전원으로서 대량 보급될 것으로 전망된다. 한편, 피해지역의 경우 민가뿐만 아니라 사무소나 경찰, 병원, 학교와 같은 공공시설도 장기간에 걸쳐 정전이 이어졌다. 일부 시설에는 비상용 전원이 설치되어 있었지만, 일반적으로 화석연료를 사용하는 비상용 전원에는 다음과 같은 단점이 있다.

- 수 시간, 길어도 1, 2일간의 연료밖에 비축해 놓지 않았기 때문에 연료를 다 쓰고 난 뒤에 새로운 보급이 없으면 발전을 더 이상 지속할 수 없다.
- 비상용 발전기는 장기간의 연속운용에도 견딜 수 있도록 설계되어 있지 않기 때문에 오랫동안 사용하면 고장 날 우려가 있다. 또한 항시 운용 발전기와 환경에 대한 규제가 다르기 때문에 소음이 크고, 배기가스 또한 다량 배출된다.

• 정전이 되면 기동되기 때문에 사용을 위한 조작기구가 별도로 준비되어 있지만, 아주 가끔 사용하는 탓에 안정성이 떨어지기 때문에 정작 필요할 때 가동할 수 없는 경우도 많다.

재생가능 에너지도 풍력이나 태양광 발전과 같은 발전은 그 출력이 기상조건에 좌우되기 때문에 안정된 비상용 전원이라고는 말하기 어렵지만 축전지를 병설하는 것으로 그 결점은 어느 정도 개선할 수 있다. 또한 태양광 발전 등은 가정용으로도 단독운전이 가능하도록 추가할 수 있고, 현재도 1.5kW까지의 비상용 전원으로서 이용할 수 있다. 설치 패널의 매수가 많을수록 더 큰 전력이 확보되지만, 현재의 법 규제로는 1.5kW를 상한선으로 규제하고 있다. 물론, 이 규제도 안전 확보 대책이 마련된다면 미래에는 확장될 것으로 생각된다.

재생가능 에너지는 화석연료용 발전기와 달리, 운용비용(연료비)이 들지 않기 때문에 설비가 일단 설치되면 이용하는 편이 좋다. 항시 운전하기 때문에 비상 시의 동작 여부에 대한 불안이 적다는 것도 장점 중 하나이고, 또한 비상용이기 때문에 수요를 100% 갖출 필요가 없다. 앞에서 논한 수요를 중요도에 따라 선택하는 기능을 스마트 미터기 등에 탑재하게 되면, 설령 발전량이 적더라도 우선순위가 높은 수요(의료기기, 통신기기, 냉장고 등)부터 전력을 제공되게 된다. 이처럼 피해지역의 복구에도 이와 같은 재생가능 에너지를 비상용 전원으로 활용한다면, 피해지역 주민의 미래에의 불안 해소에도 도움이 될 것이라고 생각한다.

5. 기술력의 실증과 국제 표준화의 실시 실적

피해지역의 복구에 새로운 스마트 그리드 기술을 이용하는 것은 새로운 산업 육성에도 도움이 된다. 국제 표준화 활동에 우위를 점하기 위해서는 실시 예(시범 사용 케이스)를 축적해 둘 필요가 있지만, 기간이 한정된 실증 시험 프로젝트보다도, 재해지역에 복구를 위한 장기적이며 영구적으로 사용할 수 있는 기술을 시범 사용 케이스로 삼는 것은 매우 유익한 일이 아닐 수 없다. 지금까지는 실증 장소에 대한 수요가 국내보다는 국외에서 많았지만, 이번 재난과 같은 경우, 피해지역의 복구 자체가 바로 실증이 될 수 있기 때문에 국민의 이해와 동의도 얻어내기 용이하다.

결론

본 장에서는 지진과 그 후의 쓰나미에 의한 자연재해의 교훈에서 얻은 지식을 정리하고, 재해에 강한 전력 네트워크를 구축하기 위한 바람직한 방향에 관해서 논했다. 비록 지진은 예상 밖의 자연재해였지만, 실제로 일어난 사태를 직접 접하고 나니, 전력 시스템에 대한 준비가 충분하지 않다는 것을 알 수 있다. 방심이나 태만이 큰 피해의 원인이 아니라는 점은 분명하지만, 이 자연재해를 기회로 삼아 지금까지의 사고방식을 수정하지 않으면 안 된다는 점을 깨닫게 되었다. 한편, 스마트 그리드에 관련된 연구 개발은 새로운 사업 기회로서 기대를 모으고 있지만, 그 수요는 국내보다는 국외가 대부분으로, 자연히 실증시험의 대부분이 해외에서 이루어져 왔다. 하지만, 지진 후에는 피해지역 복구라는 중요한 임무를 담당하게 되었기 때문에, 국제적인 경쟁력 배양과 신산업 동력 개발이라는 차원에서 전력 기술자들의 이제부터의 활약이 기대된다.

제 **4** 장

자급자족형 전력 네트워크

—클러스터 확장형 그리드란 무엇인가?

시모기타한토下北半島 이와테야岩屋 윈드 팜

고야나기 가오루小柳薰

동일본대지진과 이로 인한 초대형 쓰나미에 의해, 후쿠시마 제1원자력 발전의 모든 교류전원電源이 유실되었고, 1~4호기 모두 노심용융이 일어났으며, 방사성 물질이 확산되는 등 일본 최초의 원자력 대재난이 닥쳤다. 최초의 원자력 대재해였다. 이 대재해로 인해, 세간에서는 원전 반대, 탈원전 등의 목소리가 커져만 갔고, 이후 일본에서의 원자력 발전의 장래는 불확실해졌다.

이러한 금후의 전력 에너지 공급에 관한 새로운 논의에 의해, 풍력 발전이나 태양광 발전 등의 재생가능 에너지의 도입이 각광을 받기 시작했다. 재생가능 에너지는 출력이 불안정하다는 점, 그리고, 에너지 밀도가 낮아 큰 공급량을 기대할 수 없다는 점에서, 원자력 발전을 대체할 수 있는 대규모 에너지원은 아직까지 존재하지 않지만, 에너지 자급률의 향상이나 지구 온난화 대책으로서 재생

그림 1 현행 전력계통의 구성

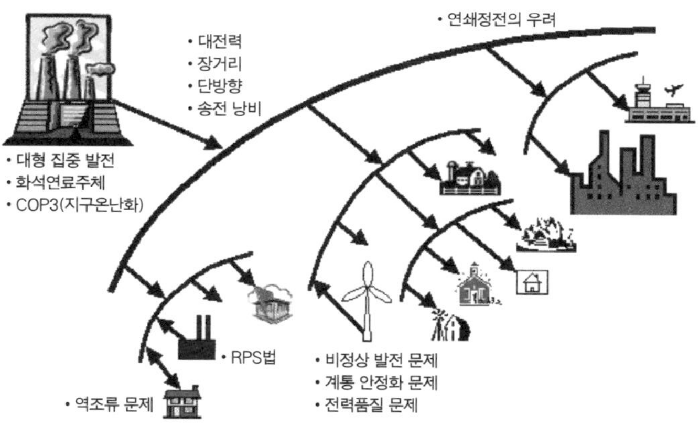

출처: 2003년도 조사 보고서(NEDO - P 0304) 〈자율 분산형 전력시스템 네트워크의 가능성 조사〉

가능 에너지는 기대를 모으고 있다. 그렇다면 이제부터 재생가능 에너지 전원電源은 어떻게 미래형 대규모 전원과 공존해 나가야만 하는 것일까?

이 장에서는 소규모, 분산형의 재생가능 에너지 자원이 대규모 자원과 공존할 수 있도록 하는 계획 중 하나의 방안으로서 전력 에너지의 자급자족이라는 관점에 기초하여, 지역의 전력 수요에 대한 지역의 전력 공급 형태 면적의 확대를 클러스터 단위로 행하는 새로운 자립분산형 전력시스템(electricity cluster-oriented network, 이 장에서는 '클러스터 확장형' 그리드)을 소개하고자 한다.

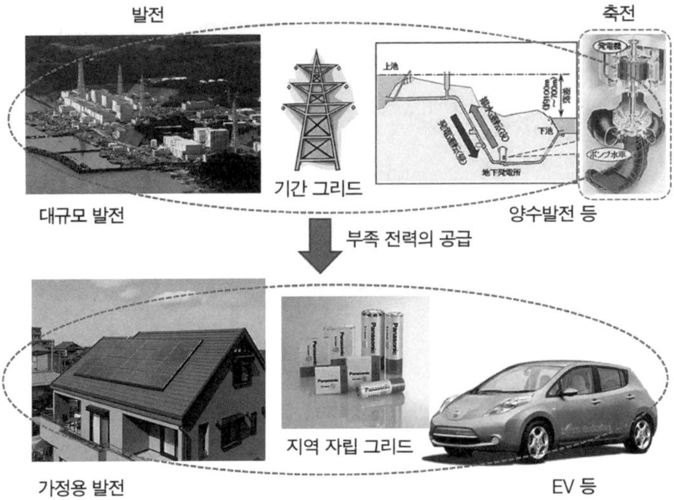

그림 2 전력 시스템의 이원화

1 클러스터 확장형 그리드

1. 전력 시스템의 이원화

이전의 전력 시스템은 〈그림 1〉과 같이 대형 집중 발전을 통해 장거리 송전선을 사이에 두고 수요지에 전력을 공급했다. 상류에서 하류로의 단방향의 전력 흐름이라고 할 수 있는데, 이와 같은 일원적 구성에서는 만일 상류의 대규모 전원電源이 고장 등으로 전력이 유실되면, 수요자는 고스란히 전력공급 부족의 피해를 떠안게 된다. 또한 수요자와 가까운 배전계통에 분산 전원이 대량으로 접속하게 되면, 상류에서 하류로 흐르는 단방향의 전력의 흐름에 변화가 생겨서 배전 전압이 부분적으로 상승하는 등의 문제가 발생한다.

그림 3 클러스터는 전력의 자급자족 단위 그리드

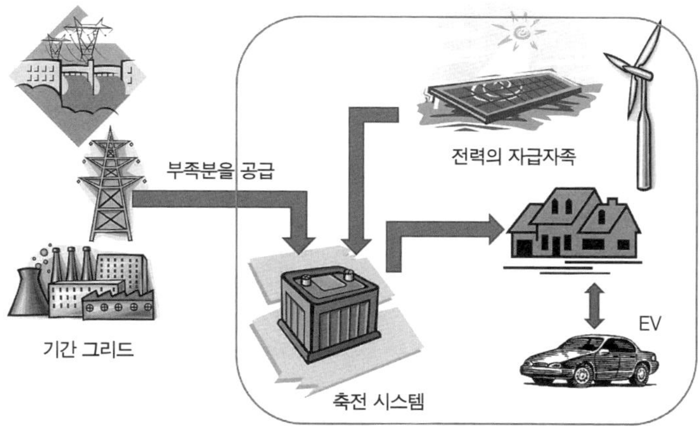

이와 비교하여, 본 장에서 소개하고자 하는 클러스터 확장형 그리드는, 〈그림 2〉에서 보이는 바와 같이, 전체의 전력 시스템을 '대규모 전원에서 장거리 송전망을 통해서 오는 기간 그리드'와 '수요자에 가까운 지역 자립 그리드'라는 두 클러스터로 구분할 때, 후자의 지역 자립 그리드가 그 예시가 된다고 할 수 있다. 지역 자립 그리드는 분산형 전원, 에너지 저축 시스템, 그리고 수요자로 구성되는데, 이들은 상호 유기적으로 연결되어 효율적으로 운용된다. '클러스터'라는 것은 전력의 자급자족이라는 관점에서 하나로 뭉쳐진 '그리드'의 한 단위를 의미하고, 작게는 1세대의 주택 규모에서부터 크게는 커뮤니티 규모까지 이르게 된다(그림 3 참조).

평상시 복수의 지역 자립 그리드는 기간 그리드와 연계하여 필요에 따라 공급을 받지만, 전력 융통 관리라는 차원에서는 지역 자

그림 4 상위 기간 그리드와 클러스터 확장형 그리드와의 관계

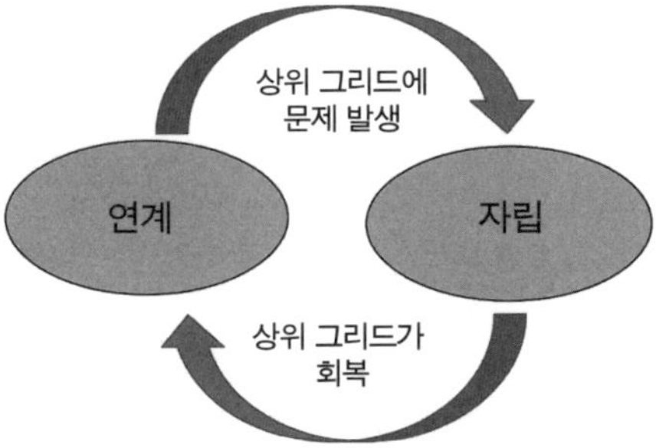

립 그리드 측이 주도권을 갖는다. 또한 상위 기간 그리드에 무언가의 문제가 발생한 경우에는 〈그림 4〉와 마찬가지로, 클러스터 확장형 그리드는 기간 그리드와의 연계를 끊고 자립운전으로 이행한다. 그리고 상위 기간 그리드가 문제로부터 복구되면 다시 연계운전으로 복귀한다.

클러스터는 서로 연계하여 전체가 되며, 수평 전개를 통해 확장해 간다고 생각된다(그림 5). 이러한 그리드 형태는 상류에서 하류로 전력이 흐른다는 개념이라기보다, 횡적 상호 융통이라는 개념이 그 전제가 된다. 이것이 클러스터 확장형 그리드의 특징이라고 할 수 있다.

또한 전원 측에 어떠한 공급 문제가 발생한다 하더라도, 일정 기간 동안의 부하負荷에 전력을 공급할 수 있는 설비인 무정전 전원장치(UPS)가 있지만, 접속되는 전기 기기의 확장을 생각할 때(그림 6), 방사상 구성에 한정되며, 또한 UPS와 전기기기와의 사이에는

그림 5 클러스터의 연계구성의 예시

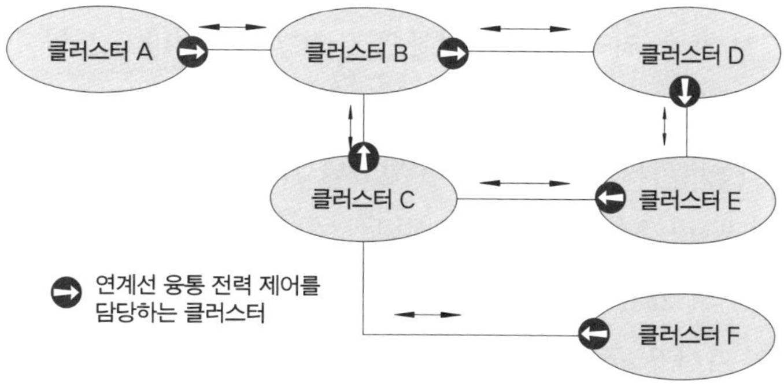

그림 6 UPS 접속에 따른 부하의 확장

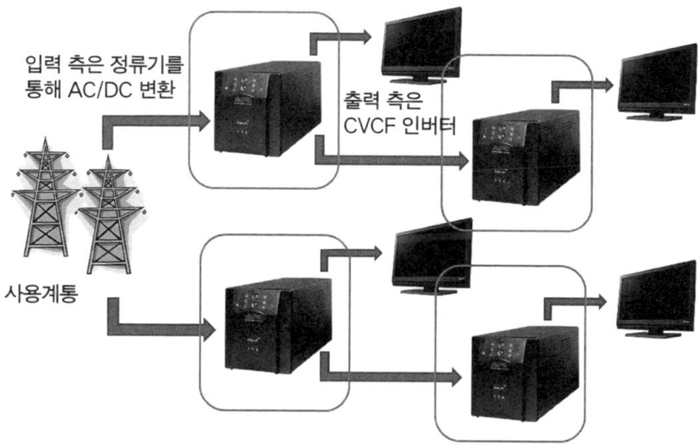

역조류가 없다는 제약이 있다. 클러스터 확장형 그리드는 UPS 접속의 경우에 제약이 없고, 전원을 포함하여 더욱 유연성 있는 확장을 가능하게 한다.

2. 발전·축전 장치의 개인화와 새로운 부가가치

수요자와 가까운 지역 자립 그리드인, 클러스터 확장형 그리드에는, 개인 혹은 지역 용도를 대상으로 소형 전력설비가 도입되었다. 전력 회사가 소유하는 대형 전력설비와 개인 혹은 지역 용도의 소형 전력설비와의 관계는 컴퓨터 발전의 역사와 닮아 있다. 〈그림 7〉은 1940년대 초기의 전자계산설비의 개인화를, 그리고 〈그림 8〉은 축전설비의 개인화를 각각 나타내는데, 이들은 서로 대비된다. 수요자와 가까운 곳에 위치한 클러스터 확장형 그리드는 소용량이고 분산되어 설치된 전원이나 축전 시스템으로 구성된다.

〈그림 7〉과 같은 컴퓨터 개발의 역사 속에서, 단일 컴퓨터의 고기능화, 저가격화뿐만 아니라, 인터넷의 출현, 즉 네트워크 접속에 의해 새로운 가치를 창출했다. 개인용 컴퓨터가 인터넷에 연결되면, 단순히 계산 장치로서가 아니라 새로운 커뮤니케이션 수단으로 변모하여, 개인의 정보 발신 및 신규 사업을 전개하는 것까지도 가능하게 된다. 때문에 현대에 컴퓨터는 생활에 없어서는 안 될 개인 툴이 되고 있다. 최근에는 이러한 컴퓨터를 대신해서 단순한 휴대전화의 테두리를 뛰어 넘는 고기능의 스마트 폰까지 등장하고 있다.

〈그림 8〉의 발전·축전 설비의 개인화는 이후 어떠한 변혁을 초래할 것인가. 컴퓨터를 예로 들자면 '네트워크화된 컴퓨터'에 해당하는 것이 '네트워크화된 개인 발전·축전 설비'라고 할 수 있다. 여기에서 소개하는 클러스터 확장형 그리드의 목표가 바로 그러한 모습이다. 클러스터 확장형 그리드는 이전의 단일구조의 전력 시스템에는 없는 새로운 부가가치를 창조할 것으로 기대된다.

그림 7 컴퓨터 개발의 역사

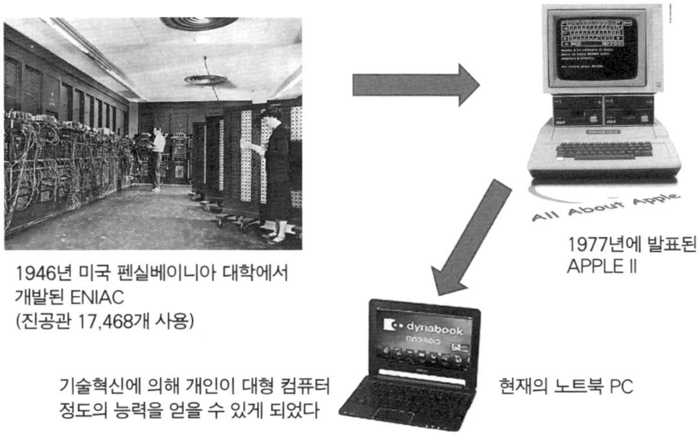

3. 클러스터 확장형 그리드의 특징

클러스터 확장형 그리드의 위치는 〈표 1〉과 같다. 그 특징은 다음과 같이 정리할 수 있다.

① 재생가능 에너지를 주체적으로 항상 자급자족
② 축전장치가 전력의 안정 공급의 주체
③ 클러스터 단위에서의 직류연계에 의한 규모의 확장
④ 원격지나 전력이 없는 지역에 대한 적용도 고려된 자립/자율형 그리드

그림 8 전력 설비의 개인화

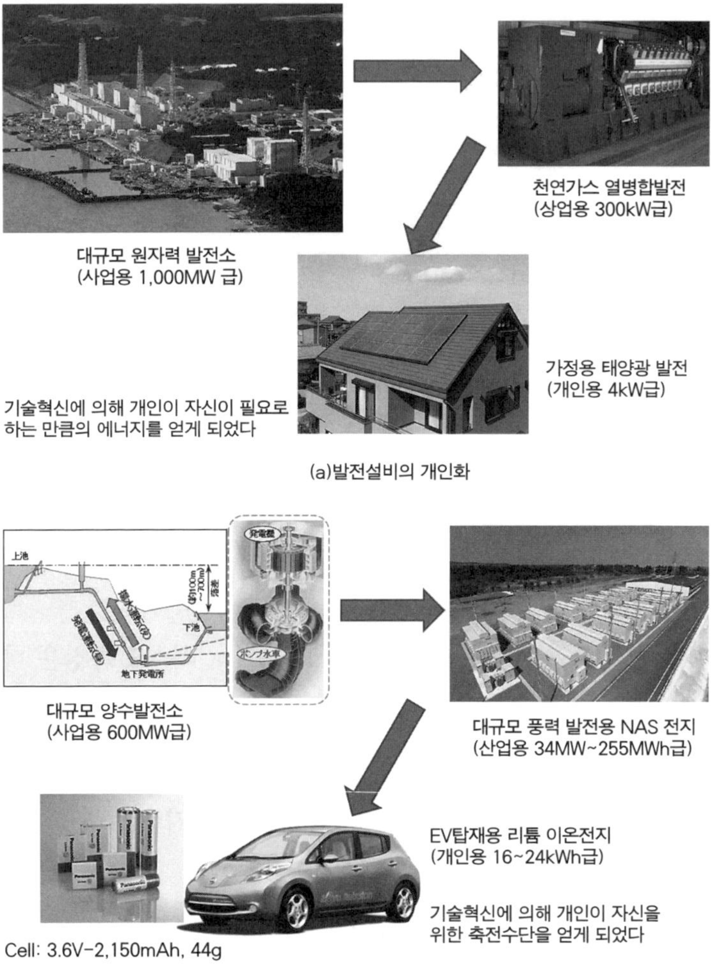

(b)축전설비의 개인화

표 1 클러스터 확장형 그리드의 평가

항목	현행 전력계통	마이크로 그리드	클러스터 확장형 그리드
전원(電源)	대규모 원자력, 화력, 수력	GE, DG, FC 등의 제어 가능한 전원이 주체	PV, WTG, 마이크로 수력 등의 재생가능 에너지가 주체
축전 장치	양수 발전(부하 평준화)	배터리 등의 축전 장치가 필수 불가결	
		전원과의 협조운용	전력의 안정공급 주체
연계	타 전력과의 연계를 통한, 전력융통	현행 전력과 상시 연계, 일시 독립운용	상시 독립운용(자립운전), 클러스터 간의 연계 있음
규모	대	중	소(클러스터 단체單體)
확장성	소(장기계획)	중(단기계획)	대(클러스터 단위로 확장)
주된 용도	대규모 사회인프라	새로운 형태의 배전 시스템	·전력이 없는 지역 및 원격지에의 도입 ·필요에 따라, 기간계통과의 연계

2 클러스터 확장형 그리드의 기술적 특성

조금 내용이 어려워지지만, 좀더 깊게 생각해 보고자 하는 독자들을 위해 이 장에서는 클러스터 확장형 그리드의 기술적인 측면에 관하여 논하고자 한다.

우선 클러스터의 기본 구성은 〈그림 9〉와 같다.

1. 자립계통으로서의 전압과 주파수의 유지

여기서 소개할 클러스터 확장형 그리드는 자립형 교류 시스템이라는 점을 전제로 한다.

(1) 전압제어

자립형 교류 시스템은 전압과 주파수의 유지가 과제인데, 전압(무효

그림 9 클러스터의 기본구성

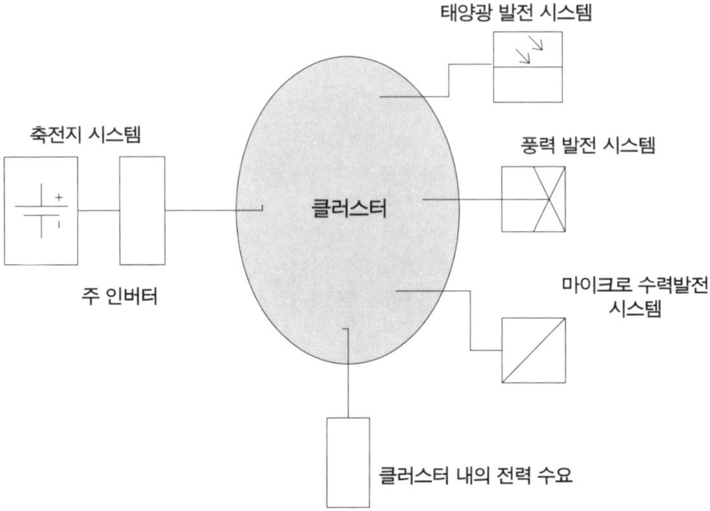

출처: 표 1과 동일

전력) 제어에 관해서는 마이크로 그리드의 경우와 마찬가지로, 기기의 무효전력 공급능력에 따른 제어를 적용한다. 동기발전기 전원의 경우에는 자동 전압제어장치(Automatic Voltage Regulator, AVR)에 의해 출력전압을 유지하는 것과 마찬가지로 무효전력을 제어한다. 태양광 발전이나 연료 전이 등의 직류 발전 또는 축전 시스템에서는 직류에서 교류에 변환하는 전력 변환장치(인버터)를 매개로 하여 그리드 측에 접속된다. 보통, 수요자 측에 설치된 인버터와 연계된 분산형 전원에서는 출력률 1로 운용되기 때문에 전압제어 기능을 갖지 않지만, 자립형 클러스터 확장형 그리드에서는 이러한 전원·축전설비도 각각 무효전력 공급능력에 대응하여 제어를 분담하는 것이 바람직하다.

(2) 주파수제어

현행의 전력계통이나 마이크로 그리드와 같은, '관성을 가진 회전체'로 구성된 동기발전기가 연결되어 상시 운용되고 있는 경우에는, 이들 동기발전기의 기계적 회전수가 주파수를 결정한다. 그렇지만, 관성을 가진 동기발전기 없이 인버터와 연결된 전원만 있는 경우에는 클러스터 내의 주파수는 각 클러스터에 설비된 축전장치의 인버터 출력제어에서 설정·유지된다. 구체적으로는 축전장치 인버터는 정전압·정주파수 모드에서 운용된다.

2. 복수의 클러스터 간의 연계방법

전력 수요의 증가에 따른 계통 규모를 확장하는 경우에는, 단일 클러스터 내에서의 전원설비의 확장뿐만 아니라, 클러스터 단위로 규모를 확장한다는 선택지가 있다. 여기에서는 그 연계방법의 개념에 대해 설명하고자 한다.

기간 계통의 동기발전기는 기계적 회전 에너지 형태의 전력을 일시적으로 기계(운동)에너지의 형태로 축적하고 있다. 파이프로 연결된 복수의 물탱크에 저장되어 있는 물은 수면이 높은 쪽에서 낮은 쪽으로 자연스럽게 흐르고, 일시적으로 수면에 고저의 변화가 있다손 치더라도 시간의 경과와 함께 각 탱크는 동일 수면의 높이로 수렴하게 된다(그림 10 참조). 이것과 같은 원리로 기반 그리드 내의 복수의 동기발전기에 저장되어 있는 기계(운동)에너지는 전력

그림 10 복수의 발전기를 연계 운전한 경우의 발전기 회전속도의 균일화

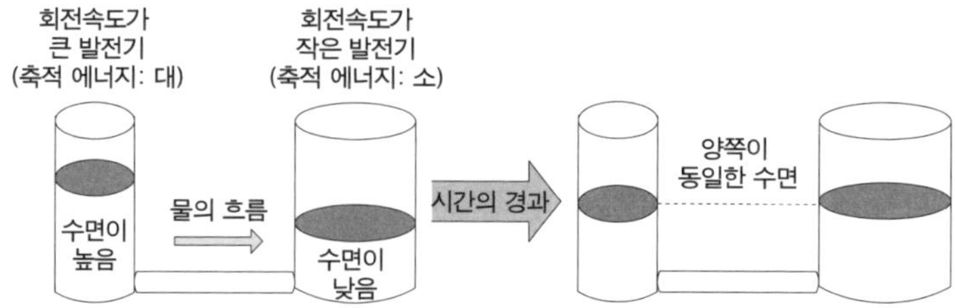

망을 사이에 두고 기계(운동)에너지가 많은 발전기에서 적은 발전기로 전력의 송수신이 발생한다. 물탱크의 경우에 비유하자면 수면의 높이가 발전기의 화전 속도, 즉 기계적으로 저축된 에너지의 크고 작음을 나타내고 있다고 할 수 있다.

이와 같이 종래의 기간 그리드에는 해당 계통 규모에 상당하는 대규모 전력 저축 장치는 없으나, 각 발전기의 기계 에너지가 일시적인 전력 저장장치의 역할을 담당하여, 그 저장된 에너지의 양은 발전기 정격 베이스에서 볼 때, 각 발전기 모두 같은 레벨(그림 10에서는 수면의 높이에 해당)로 유지된다. 또한 원리에 따르면 계통 전체로서의 발전기의 기계적 회전 에너지 총량의 크고 작음이 주차수의 고저를 결정한다.

클러스터 확장형 그리드에서 클러스터 단위로 확장하는 경우의 장점은, 클러스터 별로 설치된 축전 시스템의 충전 전력량(State of Charge, SOC)을 클러스터군 전체로 평준화함으로써 특정 클러스터 내에서 발생할 수 있는 공급 장애를 사전에 회피할 수 있으며, 대체적으로 공급신뢰성의 향상에 기여하게 된다는 점에 있다. 이는

앞서 언급한 기간 그리드의 동기발전기의 경우의 저장 에너지량을 발전기 정격 베이스에서 각 발전기와 함께 같은 수준으로 유지하고 있는 것과 대응하고 있으며, 복수의 클러스터 간의 연계운용에 이 원리를 응용하고 있다.

클러스터 사이의 구체적인 연계방법은 〈그림 11〉과 같이, 한쪽의 축전 시스템에 연계용 인버터를 설치하여 연계선의 융통전력을 제어한다.

연계선의 흐름 제어에 대한 개념은 다음과 같다.

(a) 연계선의 흐름 제어(어느 쪽의 방향에 얼마만큼 흐르게 할 것인가)는 축전 시스템에 달려 있는 연계용 인버터에 의해 실시된다.

(b) 연계선의 흐름은 축전지의 충전 전력량(SOC)이 많은 쪽에서 적은 쪽으로 흐르도록 제어한다. 이는 종래의 기간 계통의 발전기 사이의 동기화 에너지 수수授受와 동일한 추론에 의한 것이다.

(c) 축전지의 충전 전력량의 크고 작음은 축전 시스템의 주된 인버터 발생 전압의 주파수 제어에 반영된다. 즉, 충전 전력량이 많은 경우에는 클러스터 주파수를 허용 범위 내에서 높게 설정하고, 반대로 충전 전력량이 적은 경우에는 클러스터 주파수를 낮게 설정한다.

이렇게 하면, 연계 인버터의 제어에서, 클러스터 A와 B와의 주파수를 검출·비교하여, 주파수가 높은 클러스터에서 주파수가 낮은 클러스터로 흐르도록 하면 된다. 주파수는 동일 교류 계통 내에서는 글로벌한 특성량을 갖고 있으며, 어디에서도 동일하기 때문에, 이를 검출하면 이론상 특별한 통신회선 없이도 축전지 근방의 정보만으로 제어 가능하다.

3 클러스터 확장형 그리드의 동작 시뮬레이션 예시

〈그림 11〉과 마찬가지로, 클러스터 A와 클러스터 B와 같은 두 개의 클러스터가 연계된 그리드의 동작 시뮬레이션의 예시를 소개하고자 한다.

〈그림 12〉와 〈그림 13〉은, 각각 두 클러스터가 연계가 없을 때와 있을 때의 결과를 나타낸다. 두 클러스터의 주파수, 두 축전장치의 충전량(SOC), 클러스터 간의 융통전력의 변화의 흐름을 나타낸다.

시뮬레이션 결과에 의해, 클러스터 간의 연계가 없는 경우와 연계용 인버터에 의한 클러스터 간의 연계가 있는 경우 모두 주파수는 클러스터별로 상이하지만 일단은 안정되어 있다(그림 12).

그리고 이 경우, 클러스터 A쪽의 주파수가 클러스터 B보다도 크게 낮은 이유는, 수요의 변호가 크기 때문에 축전지 방전량이 많아져 그만큼 충전량이 감소하기 때문이다. 또한 계통 연계용 인버터에 의한 클러스터 간의 연계가 있는 경우(그림 13)에는 양쪽 클러스터의 주파수와 축전량의 평준화가 실현되어 있다. 즉, 부하 변화가 큰 축전 장치의 충전량의 감소가 큰 클러스터 A에 비교적 축전량의 감소가 적은 클러스터 B로부터 연계용 인버터를 통해서 전력이 융

그림 11 클러스터 A, B의 연계

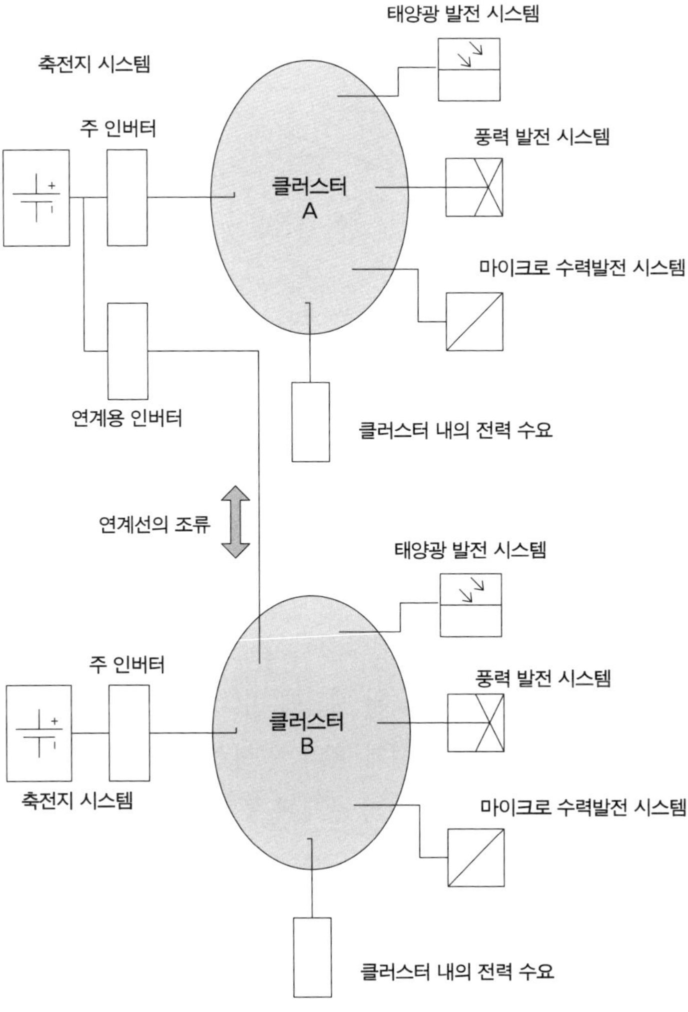

출처: 표 1과 동일

그림 12 클러스터 연계가 없는 경우

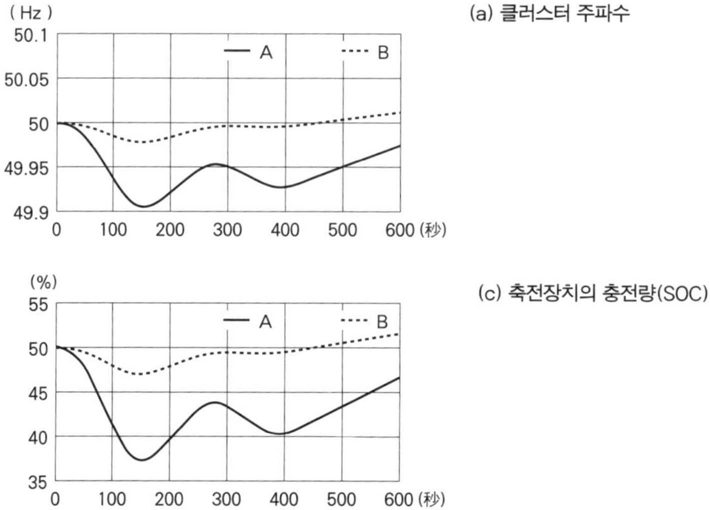

출처: 표 1과 동일

통된 결과, 양 클러스터 축전장치의 충전량이 평준화된다는 것이다. 파이프에서 연결된 복수의 탱크에 비축된 물이 수면이 높은 쪽에서 낮은 쪽으로 자연스럽게 흘러, 일시적인 수면의 변화가 있어도 시간이 지남에 따라 각각의 탱크에 동일 수면 높이로 결국 수렴된다는 원리가 실현되는 것이다.

클러스터 확장형 그리드는 클러스터라 일컬어지는 교류 그리드가 각각 자립을 유지하면서 인접한 클러스터와 느슨하게 결합하면서, 필요에 따라 규모 확대 가능한 에너지 수요의 집합체인 것이다. 대규모 계통과 연계하여 운용하는 경우에도 대규모 계통을 하나의 클러스터로 간주하면 자연스러운 확장 형태가 된다.

그림 13 클러스터 연계가 있는 경우

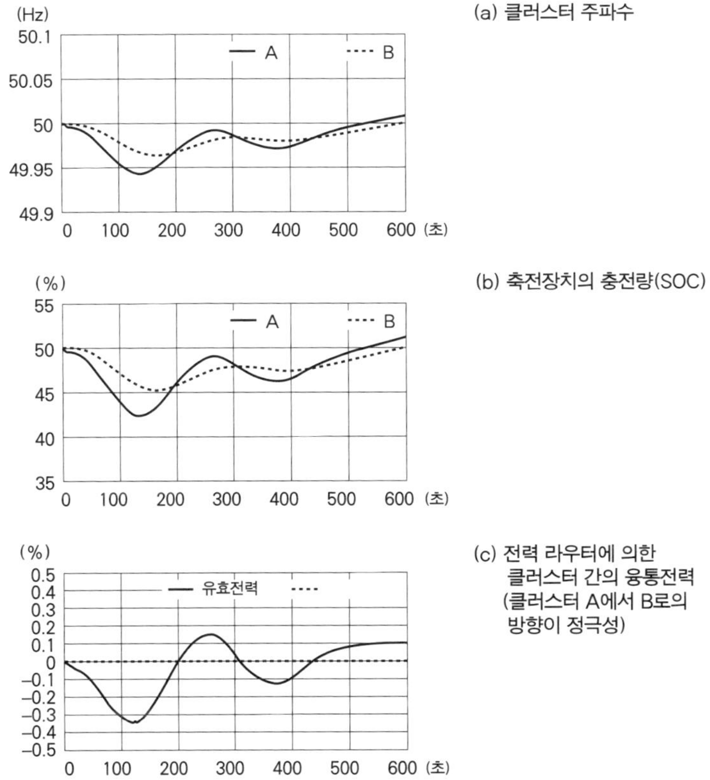

출처: 표 1과 동일

마치면서

금후의 전력 시스템은 컴퓨터 발전의 속도 정도는 아니지만 착실히 진화를 이루고 있다고 여겨진다. 그것은 아마도 '전원의 다양화'와 '분산 네트워크화'의 두 가지 방향으로 보는 것이 가능할 것이다.

'전원의 다양화'라는 것은 대규모 전원과 그것과 공존하는 분산형 전원을 가리키는 것으로 대규모 전원의 경우 원자력 발전을 대신하여 발전 효율이나 환경성의 면에서 우수한 천연가스를 복합적으로 이용하는 발전의 도입 및 확대가 추진될 것이다. 분산 전원의 경우는, 태양광 발전, 풍력 발전 등, 각각의 재생가능 에너지를 시작으로, 가스 열병합발전이 늘어날 것이다. 또한 태양광 발전으로 대표되는 전원의 개인화가 촉진될 것이다.

'분산 네트워크화'라는 것은 수요자에게 가까운 지역에서 발전과 소비를 행하는 소위 자급자족과 함께 복수의 자립 그리드 그룹이 네트워크로 연결되어(수평결합) 과부족분의 에너지를 서로 송수신하는 것을 말한다. 이를 통해, 종래의 수요자는 단순한 전력의 소비자가 아닌 자립된 공급자이기도 하며 에너지 관리 시스템(HEMS, CEMS, BEMS, FEMS)을 스스로 갖춘 운용 관리자가 되기도 한다. 클러스터 확장형 그리드는 이 '분산 네트워크화'를 실현하는 하나의 시도라고 하겠다.

와세다대학 혼조本庄 캠퍼스의 태양광 패널

요코야마 류이치横山隆一

제5장 금후의 전망 —다양한 기대

1 구미 각국과 일본의 차이

외국에서는 전력 자유화에 따른 시장 경쟁이 격화된 결과, 이익을 내기 어려운 전력 유통망에 대한 설비 투자가 줄어듦에 따라, 설비의 노후화와 용량 부족이 야기되어, 대규모 정전이 빈발했다. 이에 대한 대응책으로서 스마트 그리드를 통해 전력 유통망을 재생하고자 하는 움직임이 대두되었다. 또한 스마트 그리드가 기대되는 주된 이유는, 각국이 내세우고 있는 'CO_2 배출이 없는 태양광이나 풍력 발전 등의 재생가능 에너지의 대량 도입'이 추진될 경우, 이와 같은 발전 출력의 변동이 전력 네트워크에 영향을 주어 전력품질(주파수, 전압, 고조파)을 악화시킬 가능성이 염려되기 때문이다. 이는 높은 CO_2 감축 등의 목표에 더해, 종래와 같은 원자력 발전에 의존이 곤란한 상황으로 말미암아, 대량의 태양광 발전 등의 재생가능 에너지를 도입하기로 정책적으로 결정한 일본에도 해당되는 문제이다.

한편, 전력부족을 경험했다고는 하나, 높은 신뢰도의 전력 공급 시스템이 완비되어 있는 일본의 경우, 다른 나라들과 차세대 그리드의 개발 방향이 많이 다르다. 즉, 일본에서는 지금껏 완비되어 있지 않은 낙도나 벽지, 그리고 전기가 들어오지 않는 지역이 있는 개발도상국을 대상으로 하는 공급 시스템의 개발을 추진하는 것이 중요하다. 이러한 지역을 위한 전력공급 시스템의 개발의 경우, 대규모로 고가의 네트워크를 한 번에 만드는 것이 아니라 지역이나 집단 특성에 맞춘 적정 규모의 공급 네트워크(클러스터)를 만들고, 필요에 따라 그때그때 클러스터를 증설하여 이를 서로 연결하는 것을 통해, 전력을 안정되게 제공할 수 있도록 하는 상호 결합형 네트워크를 개발하여 실증시험을 행할 필요가 있다.

상호결합을 위한 교류/직류 하이브리드형 네트워크 구조를 만들게 되면, 각종 재생가능 에너지를 이용하는 전원電源에서의 전력 공급, 지역에의 교류/직류전력의 공급, 전동차량의 급속충전, 전력 저장장치의 효과적인 활용뿐만 아니라, 쌍방향 정보통신을 가진 수요자 응답의 실현도 가능해진다. 전력회사에 전면적으로 의존하지 않는다는 의미에서 재해에 강한 전력공급 인프라가 갖춰지게 되는 것이다. 일본은 에너지 공급 네트워크 전체에서 세계에 자랑할 만한 전력품질(주파수와 전압)을 유지하고 있을 뿐 아니라, 재해에 강한 회복력(resiliency), CO_2 감축, 경제성 유지와 같은 다수의 목표를

그림 1 스마트 그리드 구축과 관련된 산업

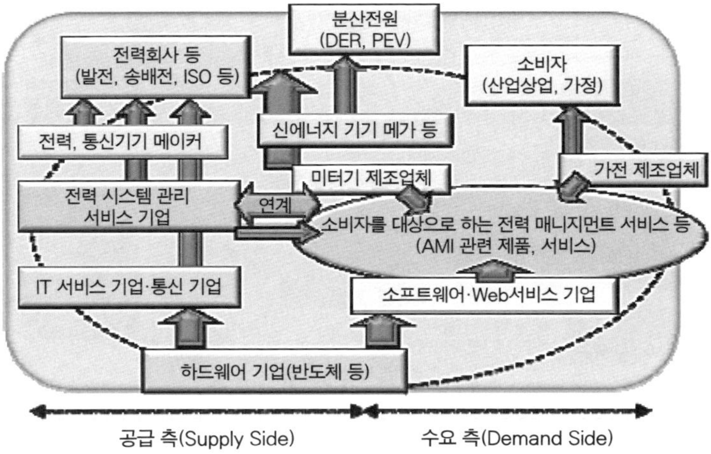

동시에 만족시켰다. 한 걸음 나아간 스마트한 수급운용 제어방식의 구축이 기대된다.

2 스마트 그리드 구축의 경제효과

스마트 그리드는 첨단 계측, 통신, 제어, 파워 일렉트로닉스, 소프트웨어, 에너지 등의 다양한 기술의 조합으로서, 지능적으로(바꿔 말하면 스마트) 실시간으로 전력의 수급조정을 가능하게 하는 것이다. 여기에 사용되는 첨단적 기술의 다양성을 보면, 스마트 그리드 구축에 의한 관련 산업에의 파급효과가 절대적이란 것은 쉽게 상상할 수 있을 것이다(그림 1).

그림 2 일본의 스마트 그리드의 개발로 인한 효과

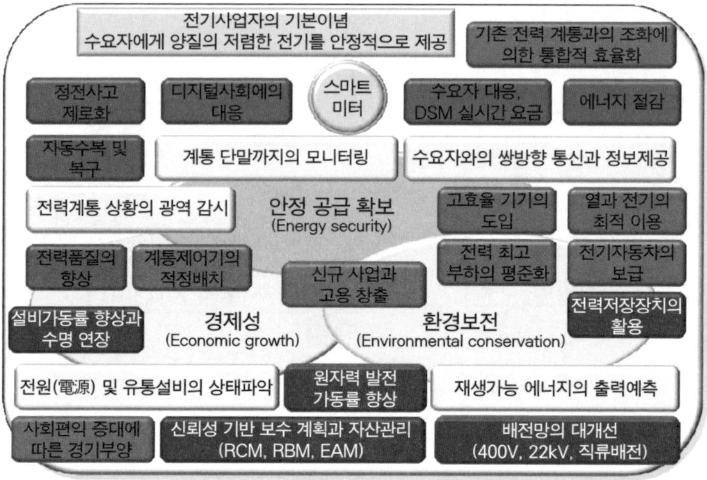

종래의 전기사업 분야(일반 전기사업자, IPP, PPS, ISO 등)에는 주로 중전기重電氣, 통신기기 메이커가 하드웨어(기기)를 납품하고, 정보서비스 기업이 소프트웨어와 운용 시스템의 구축을 지원해 왔다. 하지만 스마트 그리드의 구축에 따라서 소비자를 대상으로 하는 전력 매니지먼트 서비스 분야가 활성화되지 않으면 안 된다. 현재 지금까지 주택용 전력 미터기를 제공해 왔던 기업이나 전력 시스템 매니지먼트 서비스 기업에, 소비자를 대상으로 서비스를 제공하는 소프트웨어 개발기업, 인터넷 서비스 기업, 그리고 신규 벤처 기업 등이 참가하고 있어, 매우 활기찬 시장이 형성되고 있다.

그중에서도 전력의 수급조정에는 태양광이나 풍력 발전에 따른 출력의 변동이나 전력 수요의 급격한 변동에 따라 작동 가능한 전력 저장장치(Battery Energy Storage System, BESS)의 도입이 효과적인데, 스마트 그리드의 실현에 따라서는 필수적인 장치라고 할 수 있다.

또한 스마트 그리드의 구축에 따라 수요자 입장에서는 절전, 에너지 절감의 추진, 재생가능 에너지, 전기 자동차, 열·전기저장장치의 유효이용 및 쌍방향 정보통신을 이용한 전력소비의 효율화가 가능해진다. 한편 전력회사로서는 전력 공급계통의 안정운용 및 설비의 가동률 향상과 수명 연장, 나아가서는 자산관리의 고도화가 가능해진다. 이러한 일본에 있어서의 스마트 그리드의 개발방향을 정리하자면 〈그림 2〉와 같다.

3 국제 표준화의 움직임과 외국의 사정

일본의 스마트 그리드에 대한 확고한 자세를 보여 주는 것으로, 2010년 4월, NEDO(독립행정법인 신에너지, 산업 기술 총 개발 기구)를 사무국으로 287개의 기업, 단체와 경제산업성으로 구성된 민관 협의회 '스마트 커뮤니티 연합'의 설립을 들 수 있다. 스마트 그리드는 중국이나 인도 등의 신흥국에게도 인프라 정비의 핵심으로서 또한 새로운 산업의 핵심으로서 주된 관심의 대상이며, 이미 시장 획득 경쟁이 시작되고 있다. 일본 기업도 업계의 경계를 뛰어넘어 서로 연계하여 국제 표준화에 대응할 필요가 있다. 그 추진 모체가 되는 스마트 커뮤니티 연합은 그중 ① 국제 전략 WG, ② 국제 표준화 WG, ③ 로드 맵 WG, ④ 스마트 하우스 WG 의 4가지 워킹 그룹을 기반으로 설립되었다.

국제 표준화를 추진하는 국제 표준화 WG는, 그 산하에 4~5개의 하위 워킹그룹을 두고 국제 표준화에 있어서 우선행동계획동향優先行動計画動向 등의 조사활동과의 연계나 IEC TC57 국내 위원회와의 연계를 심화하고 있다. 이와 같은 워킹그룹, 하위 워킹 조직은 더욱더 각각의 지역 실증 프로젝트와 표준화를 검토하는 하부조직과 연계를 맺고 활동함으로써 금후의 활동성과가 기대되고 있다.

참고문헌

1, 2, 5장

系統連系円滑化蓄電システム技術開発(共通基盤研究)についてはhttp://www.nedo.go.jp/activities/portal/p06004.html

米国電力提言委員会(Electricity Advisory Committee: EAC)報告書(〈RAC Report: Smart Grid〉)2008年12月.

市川類〈米国におけるスマートグリッドを巡る動向〉《ニューヨークだより》(JETRO/IPA NY), 2009年2月(臨時増刊号).

電力中央研究所《調査報告》NOR08028, 2009年6月.

市川類〈米国におけるスマートグリッドの産業構造と標準化を巡る最近の動向〉《ニューヨークだより》(JETRO/IPA NY), 2009年7月(臨時増刊号)

福井エドワード《スマートグリッド入門》アスキー新書, 2009年12月.

横山隆一〈スマートグリッドの光と影〉(EWE講演会資料)2009年12月。早稲田大学横山隆一研究室ホームページから入手可能.

横山隆一〈スマートグリッド〉《日本電熱学会誌》特集号解説, 2010年.

蓄電複合システム化技術開発については http://www.nedo.go.jp/activities/portal/p10008.html

地域エネルギーマネジメントシステム開発事業については http://www.meti.go.jp/information/data/c100518dj.html, および http://www.meti.go.jp/information/data/c100811aj.html

次世代エネルギー・社会システム実証地域については, http://www.meti.go.jp/press/20100408003/20100408003.html

離島における〈マイクログリッド実証事業〉の公募結果については，http://www.meti.go.jp/press/20090701002/20090701002.html
次世代エネルギーシステムに係る国際標準化に関する研究会については，http://www.meti.go.jp/report/data/g100129dj.html
米国ニューメキシコ州における日米スマートグリッド実証については http://www.nedo.go.jp/activities/portal/p09023.html，および http://www.nedo.go.jp/nedopost/h21_3/data/21np3-nen2-e.pdf
独立行政法人新エネルギー・産業技術総合開発機構〈米国ニューメキシコ州における日米スマートグリッド実証の実証概要〉.
諸住哲〈日米スマートグリッド共同実証研究〉《NEDO海外レポート》No.1054，独立行政法人新エネルギー・産業技術総合開発機構新エネルギー技術開発部，2009年11月4日.
〈米国ニューメキシコ州における日米スマートグリッド実証プロジェクトについて(事前調査を委託する事業者の採択について)〉独立行政法人新エネルギー・産業技術総合開発機構新エネルギー技術開発部，2010年1月28日.
〈平成21年度離島独立型系統新エネルギー導入実証事業の採択について〉沖縄電力株式会社，2009年7月1日.
沖縄電力株式会社〈'宮古島メガソーラー実証研究設備'の設置工事の完了について〉2010年10月15日.
環境省・経済産業省〈エコタウン事業の承認地域マップ〉.
〈エコタウン・環境産業進行形事例集〉(各自治体エコタウンプラン概要)経済産業省，3R 政策.
http://www.meti.go.jp/policy/recycle/main/3r_policy/policy/ecotown_casebook.html
川崎市環境調和型まちづくり基本構想，川崎市経済局，平成14年12月16日.
http://www.meti.go.jp/policy/recycle/main/3r_policy/policy/ecotown_casebook.html
経済産業省〈エコタウン事業に関する事後評価書〉. 2009年10月1日.
http://www.meti.go.jp/policy/policy_management/14fy-jigo-hyouka/14fy-33.

pdf#search.
産業構造審議会環境部会産業と環境小委員会地域循環ビジネス専門委員会〈北九州エコタウン事業～資源循環型社会から持続可能な社会へ～〉2003年11月18日.
〈北九州エコタウン事業〉http://www.kitaq-ecotown.com/
〈あいちエコタウンプラン～環境と経済が好循環するモノづくり県をめざして～〉2009年5月(改訂).
愛知県環境部資源循環推進課〈あいちゼロエミッション・コミュニティ構想環境と産業と暮らしが調和する快適で安心な地域そだて〔概要版〕〉2007年3月.

4장

新エネルギー・産業技術総合開発機構〈自律分散型電力システムネットワークの可能性調査〉平成16年3月, NEDO–P–0304
小柳薫・斉藤直樹・新村隆英・横山隆一・永田敏・藤野三紀雄・野呂康宏〈再生可能エネルギー電源と蓄電装置から構成されるクラスター拡張型グリッド〉電気学会電力技術研究会資料PE–09–151/PSE–09–159, 2009年
Kaoru Koyanagi, Yusuke Hida, Tyuichi Yokoyama, Satoshi Nagata, Kunihiro Nakao and Tomoyuki Hirai, "Electricity Cluster-Oriented Network: A Grid-independent and Autonomous Aggregation of Micro-grids", Paper presented at the conference "Modern Electric Power Systems 2010 (MEPS2010), Wroclaw POLAND, 2010.

〈지진재해 이후를 생각하다〉 시리즈 간행에 부치는 와세다대학 출판부의 발간사

2011년 3월 11일 발생한 동일본대지진은 거대 지진과 쓰나미에 원전사고가 복합적으로 작용하여 인간의 상상을 초월하는 피해를 초래하였으며 그 충격은 전 세계를 경악시켰습니다. 이번 재해는 사람들의 사고방식과 행동 그리고 전제가 되는 제도에 대해 되묻는 계기가 되었고, 개인·조직·사회의 모든 면에 걸친 새로운 연구와 지식창조를 요구하는 사건이기도 하였습니다.

이러한 상황 아래, 일본을 대표하는 지적 공동체인 와세다대학에서는 지체 없이 부흥지원을 위한 여러 가지 행동을 취하였고, 동일본대지진 부흥연구 거점을 설립하였습니다. 또한 자원봉사자 파견을 비롯하여 재해 관련 연구와 이를 지원하기 위한 프로젝트를 활발히 전개해 나갔습니다.

와세다대학 출판부는 지식의 창조·보급·보존이라는 대학의 사명을 실현하기 위해 힘을 보태고자, 새로운 시리즈로서 와세다대학 Booklet 〈지진재해 이후를 생각하다〉의 간행에 착수하였습니다. 이 기획은 대진재의 참극을 딛고 일어서야 할 이재민들의 생활과 그들을 지원하는 활동, 그리고 이를 지지하는 연구 속에서 새로운 지식의 탄생을 모색하여, 그것을 관찰→분석→설명→행동…의 모든 단계에서 가능한 한 실시간으로 널리 사회에 제공하고자 하는 것입니다.

지식창조에는 완성이라는 것이 없고 늘 다음 단계의 과제를 향하게 마련입니다. 그런 까닭에 이 시리즈는 잡지의 기동성과 서적의 체계성을 겸비한 경쾌한 소책자 형태를 선택하였습니다. 또, 전문가와 실무자·시민·학생 등 각 계층이 읽기 쉽도록 편집하였고, 아울러 와세다대학이 포함하는 광대한 분야에 걸맞게 여러 가지 영역의 연구·지원 활동의 성과가 수록되었습니다. 후일 재해 극복과 부흥의 이야기들이 기쁨으로 회자될 때, 우리는 이러한 업적이 축적되어 크나큰 지식으로 가득 찬 백과사전으로서 많은 사람들에게 읽히기를 기대합니다.

부디 이 프로젝트에 독자로서, 그리고 저자로서, 참가해 주시기를 부탁드립니다.

2011년 11월
와세다대학 출판부

■ 요코야마 류이치横山隆一 (제1, 2, 5장 집필, 편집)

와세다대학早稲田大学 이공학술원
환경·에너지연구과 교수, 공학박사

■ 이바 겐지伊庭健二 (제3장 집필)

메이세이대학明星大学 공학부
전기전자공학계 교수·학장보좌, 공학박사

■ 고야나기 가오루小柳薫 (제4장 집필)

와세다대학早稲田大学 이공학술원
경종합연구센터 객원교수, 공학박사

김유영

고려대학교 일어일문과와 동 대학원을 졸업하고 오사카 대학에서 박사학위 취득. 미야 노리코,《조선이 그린 세계지도》(2010)로 '판우번역상' 대상 수상. 고려대학교 언어정보연구소 연구교수 역임, 현재 동덕여대 일본어과 조교수로 재직.

동일본대지진과 핵재난 — 와세다 리포트 1

재해에 강한 전력 네트워크

초판발행 1쇄 2013년 3월 11일

편저자 요코야마 류이치
옮긴이 김유영
펴낸곳 고려대학교출판부
www.kupress.com
kupress@korea.ac.kr
136-701 서울특별시 성북구 안암로 145
02-3290-4230, 4232
Fax 923-6311

찍은곳 내일기획

ISBN 978-89-7641-801-2 04330
ISBN 978-89-7641-800-5 (세트)

값 7,000원

* 잘못 만들어진 책은 바꿔드립니다.